人間性心理学研究
序説

―続・生きがいの心理学―

鶴田 一郎 著

大学教育出版

ま え が き

　私の人間性心理学（humanistic psychology）の研究は、二人の卓越した心理臨床家との出会いから始まりました。そのお二人とは、東洋大学大学院文学研究科 教育学専攻 修士課程でお世話になった伊藤隆二先生（横浜市立大学名誉教授）と、名古屋大学大学院 心理発達科学専攻 博士後期課程で御指導を受けた田畑治先生(名古屋大学名誉教授)です。

　伊藤先生からは、人間性心理学の基本、特に「人間の最も人間らしい特性ないしは本質（human-nature）を探究する心理学が人間性心理学である」ということ、さらに「生きがい」ということが人間性心理学の研究テーマになり得ることをお教えいただきました。また、田畑先生からは、「カウンセリング実践と生きがいの関係を事例研究によって探る」という私の研究テーマを深めていく際に、博士論文指導を通じて、さまざまな自らの体験を私に語っていただき、「生きがい」研究とは、まず自分の生きがい・生き方について内省するところから始まることを教えていただきました。

　この研究は、次のようにまとめられ発表されています。

・鶴田一郎（2004）「『生きがい』に関するカウンセリング心理学研究——間主観カウンセリングによる心理臨床実践の事例研究を通じて」名古屋大学大学院教育発達科学研究科。（＊名古屋大学へ提出した博士論文）
・鶴田一郎（2004）『間主観カウンセリング——「生きがい」の心理学』西日本法規出版。（＊上の博士論文を授業用テキストに書き換えたもの）
・鶴田一郎（2007）『生きがいカウンセリング』駿河台出版社。（＊上の授業用テキストをさらに一般向きに書き直したもの）

　本書の副題である「続・生きがいの心理学」は上の授業用テキストに続く

ものという意味です。また首題を「人間性心理学研究序説」としたのは人間性心理学研究の原点に戻りたかったからです。本来、人間性心理学研究は、カウンセリング実践に限定されるものではないのですが、私の先の著書を見てもわかるように「カウンセリングこそが人間性心理学」という誤解をもたれることが多いように感じます。そこで、本来、ある分野に限定されないさまざまな分野を統合した学際的研究が人間性心理学研究のメインであることを強調する意味も含めて、本書は次のような構成にしました。

　まず全体を大きく5つのパートに分けました。その5つのパートとは「私の人間性心理学の目指すところ」「人間性心理学の方法論の検討」「人間性心理学の展開Ⅰ『最も小さき者』とは誰か?」「人間性心理学の展開Ⅱ『コンパッション』の意味」「人間性心理学の展開Ⅲ『生きがいの心理学』を目指して」です。

　そして、それぞれのパートに次のように1本ないし2本の論文が含まれています。

私の人間性心理学の目指すところ

　第1章「臨床世界学」の構築に向けて

人間性心理学の方法論の検討

　第2章「サルになった男」間直之助
　　　　　　──主体変様的方法の実践者

人間性心理学の展開Ⅰ．『最も小さき者』とは誰か?

　第3章　最も小さき者の下に立つ教育
　　　　　　──内村鑑三の米国ペンシルバニア州立知的発達障害児訓練学
　　　　　　　校での体験を主軸に
　第4章　最も小さき者と共に歩む教育
　　　　　　──聖フランシスコの「平和の祈り」を出発点として

人間性心理学の展開Ⅱ．『コンパッション』の意味

　第5章　教育におけるコンパッションの意味

　　　　　──灰谷健次郎『だれも知らない』批判をめぐって

　第6章　カウンセラーが如何に生きるか

　　　　　──卓越した心理臨床家・霜山德爾の生き方を手がかりにして

人間性心理学の展開Ⅲ．『生きがいの心理学』を目指して

　第7章　神谷美恵子の「生きがい研究」、その契機と過程

　第8章　V. E. フランクルにおける「生きがい論」の射程

　　　　　──自己実現から自己超越へ

　本書は第1章から読み進めなければならないというわけではありません。例えば、アトランダムに「人間性心理学の展開Ⅰ・Ⅱ・Ⅲ」の中の興味のありそうな章から読み進め、第1章、第2章と最後に読んでいくのも一案です。いずれにせよ決まりはありません。自由に読み進めていただければと思います。

　2016年3月

　　　　　　　　　　　　　　　　　　　　　　　　鶴田　一郎

人間性心理学研究序説
—— 続・生きがいの心理学 ——

目　次

まえがき ……………………………………………………………………… *1*

私の人間性心理学の目指すところ

第1章 「臨床世界学」の構築に向けて ………………………………… *10*

　Ⅰ．はじめに　*10*

　Ⅱ．實川幹朗氏の研究方法論の基本的スタンス
　　　──「臨床世界学」の構築を目指す　*10*

　Ⅲ．實川幹朗氏の論文
　　　──臨床世界学の視点からの癲癇に関する現象学的考察　*12*

　Ⅳ．「臨床世界学」の方法論と筆者の研究方法論との対照　*15*

　Ⅴ．おわりに──まとめにかえて　*16*

人間性心理学の方法論の検討

第2章 「サルになった男」間直之助
　　　　──主体変様的方法の実践者 ……………………………………… *20*

　Ⅰ．はじめに──問題の所在　*20*

　Ⅱ．間直之介の生涯の概観　*22*

　Ⅲ．主体変様的方法──間直之助の実践から　*25*

　Ⅳ．間直之助の人生と学問探究の特長　*30*

　Ⅴ．おわりに──まとめにかえて　*33*

人間性心理学の展開Ⅰ．「最も小さき者」とは誰か？

第3章 最も小さき者の下に立つ教育
　　　　──内村鑑三の米国ペンシルバニア州立知的発達障害児訓練学校
　　　　　での体験を主軸に ………………………………………………… *38*

　Ⅰ．はじめに──問題の所在　*38*

　Ⅱ．「最も小さき者」へ向かう回心　*39*

　Ⅲ．内村鑑三の米国ペンシルバニア州立知的発達障害児訓練学校
　　　での体験と、その後　*41*

　Ⅳ．おわりに──まとめにかえて　*50*

目 次　7

第4章　最も小さき者と共に歩む教育
　　　　――聖フランシスコの「平和の祈り」を出発点として ……………… 53
　　Ⅰ．はじめに――問題の所在　53
　　Ⅱ．「最も小さき者」とは――聖書より　55
　　Ⅲ．聖フランシスコの生涯――平和の祈り　56
　　Ⅳ．「最も小さき者」として覚醒すること――アウェアネス　60
　　Ⅴ．「最も小さき者」へ向かう回心――変革体験　61
　　Ⅵ．「最も小さき者」との相互理解――了解　63
　　Ⅶ．「最も小さき者」と共に歩む教育――同行　65
　　Ⅷ．おわりに――まとめにかえて　67

人間性心理学の展開Ⅱ.「コンパッション」の意味

第5章　教育におけるコンパッションの意味
　　　　――灰谷健次郎『だれも知らない』批判をめぐって ……………… 74
　　Ⅰ．はじめに――問題の所在　74
　　Ⅱ．『だれも知らない』への批判　77
　　Ⅲ．教育におけるコンパッションの意味――批判への反証を通じて　79
　　Ⅳ．おわりに――まとめにかえて　86

第6章　カウンセラーが如何に生きるか
　　　　――卓越した心理臨床家・霜山德爾の生き方を手がかりにして ……… 89
　　Ⅰ．はじめに――問題の所在　89
　　Ⅱ．霜山德爾の生き方――共生と共苦　90
　　Ⅲ．カウンセラーの生き方について
　　　　　　――コンパッションと畏敬の念、そして同行　99
　　Ⅳ．おわりに――まとめにかえて　105

人間性心理学の展開Ⅲ.「生きがいの心理学」を目指して

第7章　神谷美恵子の「生きがい研究」、その契機と過程 ……………… 108
　　Ⅰ．はじめに――問題の所在　108
　　Ⅱ．神谷の結核療養体験　109

Ⅲ．神谷の変革体験　*112*

Ⅳ．神谷の「癩者」との出会い　*116*

Ⅴ．神谷の「癩者」とのかかわり　*122*

Ⅵ．おわりに――まとめにかえて　*125*

第8章　V. E. フランクルにおける「生きがい論」の射程
　　　――自己実現から自己超越へ ………………………………………… *131*

Ⅰ．はじめに――問題の所在　*131*

Ⅱ．ニヒリズム批判とヒューマニズムの危機　*132*

Ⅲ．自己実現から自己超越へ　*137*

Ⅳ．現代における生きがい論の課題　*142*

Ⅴ．おわりに――まとめにかえて　*145*

初出一覧 ………………………………………………………………… *147*

私の人間性心理学の目指すところ

第1章
「臨床世界学」の構築に向けて

Ⅰ．はじめに ── 問題の所在

　本章は、もともと日本人間性心理学会が発行する学術誌『人間性心理学研究』の編集委員会の求めに応じて、人間性心理学の研究方法論を検討した論文を基礎にしている。それを本書全体のイントロダクションとして相応しい内容に書き改めた。その際、過去に『人間性心理学研究』に掲載された實川幹朗氏の「癲癇に関する現象学的考察」をテーマとする3本の論文を中心に検討を進めていったが、後半では筆者の人間性心理学研究との関係性も書き添えた。

Ⅱ．實川幹朗氏の研究方法論の基本的スタンス
　　　── 「臨床世界学」の構築を目指す

　實川氏の方法論の基本的スタンスは一言で言えば「臨床世界学」（Clinical Worldlogy）の構築を目指すものと言える。
　ある具体的な人間が持つ側面を、その人の「現実世界」「非現実世界」と二律背反的に表現することがある。心理臨床の世界では、前者は「日常の現

実」（everyday reality）、後者は「こころの現実」（psychic reality）と呼ばれ、両者が入り交ざったところに「心理臨床」の難しさがあると説明されているが、實川氏は、その説明では不十分であると言う。心理臨床において「こころの現実」と呼んでいるものは、クライエントの「夢の世界」「妄想の世界」を含み得るが、それらの「非現実」と呼ばれる世界にも、「現実性」が存在すると實川氏は考える（實川 1989a・1990a・1990b）。

　實川（1997a, pp.56-57）では、臨床世界学について「経験と世界が一対であるなら、経験の数だけ世界があり、それぞれの世界が独自の仕組みを備え、それぞれの産まれてきたわけ（「存在理由」なる言葉を使ってもよいが）を持つのではないか。それら各々の世界の造りを解き明かしてゆこうという試みが『世界学』である。そしてそれが、殊に臨床場面に係わったとき『臨床世界学』となる」と主張されている。要するに、その人の持つ多元的な現実が有するひとつひとつの「事がらそのものを横並びでともにする」（實川 1992, p.763）ことから出発するのである。

　また、別稿（實川 1998a, p.446）では、臨床世界学を定義して「『臨床世界学』とは、既知の世界のなかで人との出会いを探るのではなく、クライエントとの出会いをきっかけとしてそこに開かれている世界の造りを探り、世界を共にすることからまた出会いを深めるという往復運動ないし同時並行の過程によって、心の癒しの道を探るとともに、私たちの住む世界の仕組みと有り様とを明らかにしようとする構えのことを言う」と述べている。

　實川氏の方法論においては、「こころと身体」「現実と非現実」「存在と非存在」「可能性と不可能性」「定型と例外」「異常と正常」「障害と健常」「日常と非日常」「合理性と非合理性」「相対性と絶対性」「自然と超自然」「意識と無意識」「現在と過去・未来」「外界と内界」「此岸と彼岸」「現世と来世」「客観と主観」「客体と主体」といった二分法的世界観を超え、人間が「今・ここで・この私」という時空間に定位された存在であることを基本としつつも、かけがえのない他者と「出会い」、かかわりながら心の癒しの道を探るとともに、さらに世界を自由に巡り得る存在として人間が規定されている

（實川 1980・1985・1997b・1998b・2000a・2000b・2001・2002）。

　以上の「臨床世界学」の構築に向けた一連の研究の内、『人間性心理学研究』に掲載された實川幹朗氏の3本の論文を次節で紹介する。

Ⅲ．實川幹朗氏の論文
──臨床世界学の視点からの癲癇に関する現象学的考察

①　實川幹朗（1997c）「癲癇の世界と現実性の問題──『今』の時間論を軸に」『人間性心理学研究』15（2）、215-225。

　この論文は、癲癇者の世界への現象学的アプローチである。その際、発作時を中心に現れる特有の時間性（「現在」に対比される「今」という時間概念）を軸に考察を進めている。我々は客観的な現実（「日常の現実」）の世界に住んでおり、これと食い違うもの（例えば夢や妄想といった「こころの現実」）は意識せずに無意味なものとして排除する傾向にある。しかし、このような日常の現実（常識）も科学（自然科学）も統一的な唯一の世界を所有しているわけではないので、そこから世界の具体的な有り様を導くことはできない。

　一方、癲癇のある種の発作においては、強烈な「現実感」が現れる。實川氏は、この「現実感」こそが、「現実性」そのものに近い位置にあるのではないかと主張する。その援用として、フランツ・ブレンターノ（Franz Brentano）の時間に関する諸説を實川氏は提出する（實川 1991）。ブレンターノによれば、世界の時間である「現在」に対して、体験の営みの時間としての「今」が存在し、實川氏によれば、その「今」は、癲癇者にとって、ある種の発作時に顕現し、その内容は強烈な「現実感」を伴った豊かな「世界」をもつという。これは「生きられる時間」と言ってもよい。

　このような構造を考える時、この「現実感」は「現実性」のある局面であると考えられるが、この現実性はある種の深い宗教体験とも密接である（加藤 1996）。この体験は、「ハレとケ」「聖と俗」「あの世とこの世」などを結

び付け、あるいはその両者の往復運動に寄与するものであり、「今」の現実感を深める働きを持つ。それは宗教現象で言えば「祭り」や「儀礼」さらには「祈り」に通底するものである。「聖なるもの」との「出会い」と言ってもよい（實川 1989b・2000c）。實川氏は「我われは臨床場面においてもまた自らの住む世界の現実性の考察に関しても、こうした世界の存在することを認め尊重することにより、『健常者』と『患者』がともに利益を分かちあい、共存できるであろう」（實川 1997c, p.215）と論をまとめている。

② 實川幹朗（1998c）「癲癇の世界における空間の広がり――『ここ』の空間性から」『人間性心理学研究』16（1）、42 - 52。

　人間は「今、ここで、この私」を基点とした存在ではあるが、ある種の癲癇発作では、その「ここ」が拡大し、空間が広がりを保ちながら「生きられる場」として顕現し、全世界が「ここ」になるという「世界の造りの変化」が起きる。その変化は病的なものでも無意味なものでもなく私たちの住む世界の根底にある仕組みをあからさまに暴き出してくれるような仕方である。

　一方、日常の現実において人間は肉体を有し、その肉体が空間中に置かれる場は「ここ」という制約を受ける。もちろん、この世の空間は「ここ」だけではない。前述の癲癇発作における空間の広がりの例でも明らかのように原理的には無限に存在する。しかし、人間ひとりひとりが「今、ここで、この私」という基点を持つ以上、それぞれの人間とそれぞれの世界との隔たりを掴み、その空間の広がりの中に他者と共に在る道を探らなければならない。

　これは他者の体験世界の「追体験」「了解」と呼んでもよいし、これには自己の体験世界の「追体験」「了解」のプロセスも含み得る。これを實川氏は安藤昌益の「互性」の思想の中に見る（實川 1996）。「互性」とは、自然の摂理であり、始めも終わりもない一つの世界、すなわち本来自ずからそうあるという「自然の世界」のことであるが、それと同時に「自然の世界」に包摂されるそれぞれの世界が自律的に共存している状態のことである。このそれぞれの世界が空間の中で同時に共存しているという係わりへの認識がま

ずなければ、世界全体の造りの変化を追体験し「了解すること」、さらには「共に在ること」は不可能なのだと實川氏は主張している。

③　實川幹朗（1999）「癲癇の世界における地上の迷い──『逆ワープ構造』の罠」『人間性心理学研究』17（1）、6 - 18。

　前二稿において、實川氏は、ある種の癲癇発作においては体験の営みの時間としての「今」が世界の現実性に限りなく近づいた現実感として体験され、それは空間的広がりから言えば、「ここ」が拡大し、「生きられる場」として顕現し、全世界が「ここ」になるという「世界の造りの変化」が起きると論じている。

　その際の空間のベクトルは上から下へと張られており、癲癇者は下向きの空間に住むと言ってよい。しかし、発作によって引き起こされた短い「今」に、間歇的にしか現れない「現実」は、それよりもはるかに人生の大部分を占める日常の現実の中に埋没してしまうしかない。だが、生きられる場としての「下向きの空間」で、地上の深い宗教性を帯びた生きられる時間としての「今」を体験した癲癇者は、その謎を日常の手段で掴み取ろうとする。しかし、掴めないばかりか、例えばドストエフスキーのように「細部への拘泥」「金への執着」などの卑俗な欲望の中に迷い込んでしまう。これを實川氏は「逆ワープ構造」と呼んでいる。

　癲癇者の世界は矛盾に満ちているが、それは「上昇と下降」「天上と地上」「神聖と卑俗」といった二律背反で引き裂かれているのではない。その矛盾は、地上の世界で他者と共存していく際の「広がりの中に共にあること」と「手順を追って隔たりを掴むこと」との間の葛藤なのだと實川氏はまとめている。

Ⅳ. 「臨床世界学」の方法論と筆者の研究方法論との対照

　筆者の研究テーマは「『生きがい』に関するカウンセリング心理学研究」であるが、その目的とするところは「カウンセリングと生きがい概念との関係」を探ることにある。その際、伊藤隆二氏が提唱している「間主観カウンセリング」（intersubjective counseling）による心理臨床実践の事例研究を通じて、そのことにアプローチしている。

　上のテーマと関連して、『人間性心理学研究』において筆者が発表させていただいた論文は次の3本である。

　第1の論文である鶴田（1998）では、「生きがい」概念を日本語そのものから掘り起こし、「生きがい」を心理学の研究領域に位置づけていくための考察を行った。その際、「生きがいの心理学」の方法論を、「私―ここ―今」を自己の生存の原点として、さらに「我<ruby>我<rt>われ</rt></ruby>と<ruby>汝<rt>なんじ</rt></ruby>」の関係において「生きられる世界」の実感に触れていく過程を考察し、記述することであると結論した。實川氏の臨床世界学と共通した方法論であるが、この時点では實川氏の主張される人間が持つ「世界の多様性と多元性」についての論及が不足していた。現在、筆者はカウンセリングと「生きがい」の関係性を探る接点となる概念の一つとして「了解」（「追体験」）というキーワードを設定している。

　第2の論文である鶴田（1999―本書第7章に改編され所収）では、神谷美恵子の生涯と「生きがい（研究）」の関係について、ハンセン氏病患者と神谷のかかわりからは「自己と他者の問題」、さらには神谷の変革体験からは「絶対者と自己との関係」の考察を試みた。思想と行動の一体化、すなわちカウンセラーの生き方の問題、そして臨床と理論構築の問題について、臨床世界学の立場からは多々自己批判を加える必要があることが再認識される。現在、筆者はカウンセリングと「生きがい」の関係性を探る接点となる概念として「アウェアネス」（自己覚醒・スピリチュアリティの覚醒）・「変革体験」というキーワードを設定している。

16   私の人間性心理学の目指すところ

　第3の論文である鶴田（2003―本書第5章に改編され所収）では、間主観カウンセリングを実践する上で重要と考えられる方法論について検討した。その際、黒田正典氏が提唱する「主体変様的方法」（idiomodific method）の実践者と考えられる動物行動学者 間 直之助氏の「生き方」に焦点を当てて論述した。主体変様的方法とは、相手（人、動物、物など）の運動や変化と密着して自分自身をいろいろと変化させ調節しながら相手を理解し認識する方法である。臨床世界学は實川氏の心理臨床体験がベースになっている。實川氏は、その認識の方法について明確な名称を付してはいないが、おそらくは「主体変様的方法」が用いられているように想像する。その主体変様的方法の実践者は、間氏の例を挙げるまでもなく、「他者と共に在り、共に歩む」生き方を意識的にも無意識的にも自らの人生から求められる。現在、筆者はカウンセリングと「生きがい」の関係性を探る接点となる概念として「同行」というキーワードを設定している。

　實川氏の臨床世界学の視点から自らの研究を振り返っていくと、カウンセリングと「生きがい」概念の関係性を探る視点として設定するに至った「了解」「アウェアネス」「変革体験」「同行」という4つの視点があながち的外れではなかったことが再認識される。

　　　V. おわりに ── まとめにかえて

　以上の検討から、臨床世界学という視点は、人間性心理学研究について広範な示唆を与えてくれるものであると確信している。實川氏の姿勢から学んだことは、心理臨床にとって（あるいはもっと広く人間性心理学研究にとって）、「哲学的基礎・方法論・臨床実践」は三位一体のものと捉える必要があるということである。そこから「個から普遍へ」「普遍から個へ」の往復運動が可能になり、人間性心理学の深淵が我々の目の前に朧げながらも見えてくるのではないだろうかと考えるに至ったのである。

【文献】

加藤清（監修）（1996）『癒しの森——心理療法と宗教』創元社。

鶴田一郎（1998）「『生きがい』の心理学へのアプローチ——『生きがい』という言葉の意味と、「生きがい」の心理学の目指すもの」『人間性心理学研究』16（2）、190-197。

鶴田一郎（1999）「神谷美恵子の『生きがい研究』、その契機と過程」『人間性心理学研究』17（2）、164-175【本書第7章に改編して所収】。

鶴田一郎（2003）「『サルになった男』間直之助——主体変様的方法の実践者」『人間性心理学研究』21（1）、27-36【本書第5章に改編して所収】。

實川幹朗（1980）「理論とモデルについて」『京都大学教育学部紀要』26、334-343。

實川幹朗（1985）「識ることの彼方に——物事と志向性」『哲学雑誌』100（772）、224-239。

實川幹朗（1989a）「境と形〈その1〉『精神分裂病』の"こころほぐし"について」『臨床心理学研究』27（1）、69-81。

實川幹朗（1989b）「神がみとのコミュニケーション——ミコのふるまい」姫路獨協大学公開講座運営委員会（編）『現代社会とコミュニケーション』紀伊国屋書店、9-32。

實川幹朗（1990a）「境と形〈その2〉出会いへの道のり」『臨床心理学研究』27（3）、26-35。

實川幹朗（1990b）「境と形〈その3〉問いと分かり」『臨床心理学研究』28（1）、21-31。

實川幹朗（1991）『こころ覓ぎ——近代自我を越えて付きあいの哲学へ』誠信書房。

實川幹朗（1992）「精神障害という考えかたに対する批判と、新たなパラダイムへの展望——個人の病気より共通の課題へ」氏原寛・小川捷之・東山紘久・村瀬孝雄・山中康裕（編）『心理臨床大事典』培風館、761-764。

實川幹朗（1996）「安藤昌益にみる自然の一なること及び方法としての却け——否定神学との比較を通して」『比較思想研究』23、39-46。

實川幹朗（1997a）「経験の造りと変わりゆきを追って——『臨床世界学』の立場から」『臨床心理学研究』35（3）、56-69。

實川幹朗（1997b）「客観とオブイェクトゥム——相手と空間への二つの係わり方」『比較思想研究』24、44-52。

實川幹朗（1997c）「癲癇の世界と現実性の問題——『今』の時間論を軸に」『人間性心理学研究』15（2）、215-225。

實川幹朗（1998a）「心理臨床における世界の現実性と多元性——『臨床世界学』の提唱」『心理臨床学研究』16（5）、441-452。

實川幹朗（1998b）「ドン・キホーテ騎士道と超越論哲学の関連について——日常性と現実性にまつわるシュッツの悲劇から」『現象学年報』14、229-232。

實川幹朗（1998c）「癲癇の世界における空間の広がり——『ここ』の空間性から」『人

間性心理学研究』16（1）、42-52。

實川幹朗（1999）「癲癇の世界における地上の迷い――『逆ワープ構造』の罠」『人間性心理学研究』17（1）、6-18。

實川幹朗（2000a）「現代日本におけるトランスパーソナルの可能性」『トランスパーソナル心理学／精神医学』1（1）、8-13。

實川幹朗（2000b）「超常現象と驚き」『トランスパーソナル心理学／精神医学』1（1）、22-29。

實川幹朗（2000c）「土着信仰から見た日本人の人間、自然、霊魂観」『姫路人間学研究』3（1）、85-89。

實川幹朗（2001）「臨床心理学の失われた魂――その誕生の歴史から」『トランスパーソナル心理学／精神医学』2（1）、10-32。

實川幹朗（2002）「意識の外側と意識の役割」『現象学年報』18、207-211。

人間性心理学の方法論の検討

第2章

「サルになった男」間直之助
── 主体変様的方法の実践者

Ⅰ. はじめに ── 問題の所在

間 直之助氏（以下、敬称略）の存在を筆者が知ったのは、精神医学者 井村恒郎教授の日本大学医学部精神神経科教室で行われた定年記念最終講義「臨床精神医学の方法 ── 関与しながらの観察」（1973年）を記した文章からである（井村 1984）。これによれば、井村教授が「患者─治療者関係」を探究していく途上で、精神医学者サリバン（Harry Stack Sullivan, 1892-1949）の「参与観察」（participant observation）という概念に出会い、それをどうにか科学的研究の俎上に載せられないかと悩み続けていた時、京都大学霊長類研究グループを知り、その「フィールド・ワーク」の手法を自らの「分裂病家族の研究」に採り入れていったことが述べられている。そして、そのフィールド研究を始めて約10年後、井村教授は新聞の記事で間直之助を知り、その著書『サルになった男』（1972a）を読み、間のニホンザルとのかかわり方、接し方をさらに詳しく読み込んでいくことによって、自分の「フィールド研究」という視点が間違っていなかったことがわかった、という。

筆者は心理臨床活動を生業とする者だが、大学の学部生の頃（1988年頃）

に聴講した故・佐治守夫教授の「カウンセリング」の授業で、井村教授ならびに間直之助のことが触れられていたことを回顧する。この後、しばらく経って、1990 年頃より、間のニホンザルとのかかわり方、接し方は、心理臨床における「クライエント —— カウンセラー関係」を探究する一つの「鍵」になるのではないかと考え、間の生涯や動物生態学に関する研究などの著書を読み進めていったが、他分野の研究者でもあり、なかなかその本質まで考察することは難しいように感じていた。その中には間がモデルとなった遠藤周作の小説『彼の生きかた』（1975 年初版）などもあった（遠藤 1977）。

　しかし、それからさらに数年が経ち、1995 年頃に、心理学者 黒田正典 (1988) が提唱する「主体変様的方法」(idiomodific method) を知り、間直之助の動物、特にニホンザルとかかわる研究手法は、正に黒田の言う「主体変様的方法」ではないかと考えるようになった。黒田によれば、「主体変様的方法」とは、「相手（人、動物、物など）の運動や変化と密着して自分自身をいろいろと変化させ調節しながら相手を理解し認識してゆく」（黒田 1996, p.153）方法であり、通例の科学的研究において研究者が被験対象（動物を含む）に影響を及ぼさないように距離をとり、あたかも研究者がそこにいないかのように観察・測定・記録する認識方法、すなわち「客体観察的方法」とは根本的に異なる、とされる。

　また、「主体変様的」という言葉は、黒田の造語で、ヴィンデルバンド（Windelband,W.）の提唱した 2 つの学問類型、すなわち法則定立的（nomothetic）と個性記述的（idiographic）に続き、第 3 の類型として提出され（黒田 1988, p.10）、1980 年にライプチヒで開かれた第 22 回国際心理学会議（International Congress of Psychology ）において発表されたものである（黒田 1982）。なお、原語の idio は、個人の、唯一のという意味の他に、その人自身のという意味がある。

　本章は、この黒田の提唱する「主体変様的方法」という概念を用いて、間直之助のニホンザルをはじめとする動物たちとのかかわり方、接し方をつぶさに分析・考察していくことを通して、「主体変様的方法」の実践者として

の間直之助その人を浮き彫りにすることを目的とする。また、それと同時に、この希有な動物学者、フィールド・ワーカーである間直之助の生き方から学び、人間と人間、動物と人間、動物と動物など、いわゆる生命体同士の「コミュニケーションの本質」へのアプローチの第一歩を踏み出したい。

　以下、第Ⅱ節では、間直之助の生涯を概観し、それを踏まえたうえで、第Ⅲ節では、客体観察的認識と対比しながら、間の実践・研究を主体変様的認識という視点から再検討し、第Ⅳ節では、間の人生と学問探究の特長について考察し、最後の第Ⅴ節では、本章全体のまとめについて述べたい。

Ⅱ．間直之助の生涯の概観

　間直之助は、明治32年、建設会社間組創始者　間猛馬の次男として熊本市に生まれる。明治36年、間が4歳の時、母親　富衛が亡くなり（享年33歳）、また父親も鉄道建設事業の関係で留守がちという家庭に育った。明治37・38年の日露戦争の後、間が6・7歳の頃に、父親が疫病（腸チフス）に罹り別府に隠退したのを機に、父親の事業の本拠地であった下関から別府へ移った。間は小学校入学直後、吃音を真似ているうちに自分も吃音となり、その後長い間そのことに悩まされ続けた。間（1972a, p.229）によれば「このことは、図らずも言霊の人間社会から言葉なき動物の世界へと、知らず知らずのうちに私（間——引用者、以下同じ）を追いやる原因となった」という。

　別府での少年期・思春期は、サルの棲む風光明媚な高崎山を眺めながら過ごした。別府の温泉と風物は、生来虚弱であった間を健康にかえた。しかし、父親は長く病床に伏したまま、やがて失意のうちに世を去り（昭和2年、享年70歳）、間は父も母も失ってしまった。間は孤独と言語障害（吃音）のため、自ずと人との交わりを避けて、ますます野や山で自然や動物に語りかけて過ごす日が多くなっていった。一度、高崎山のサルたちと遊んでみたいというのが、間の幼い頃の夢だったが、少年時代には、それはかなわなかった。

　旧制第五高等学校（熊本）を経て、大学は東京帝国大学理学部動物学科に

入学（大正11年）。入学直後、後の動物生態学 宮地伝三郎京大教授とここで出会い、「在学中は勉強以外のことでもよく気が合って、動物採集にかこつけて、いっしょに郊外散歩や登山を楽しんだり、美術展や映画を見に行ったりも」（間 1972b, p.5）した。この二人の交友は終生続いた。

しかし、東京帝大動物学科は、間の期待に反した処だった。動物の死体を解剖したり、動物を殺傷しなければならない実習や実験、剥製やフォルマリン漬けの動物の標本はあっても、「生きた動物」（間 1972a, p.230）はいなかった。そのような時、唯一、間を慰め、心を和ませてくれたのが、大学近くの上野動物園などにいた「生きた動物たち」であった。間はしだいにゼミや実習をサボることも多くなっていった。そのようであったため、卒業審査の際、指導教官から「動物学者失格」を言い渡され、故郷の別府に帰るが、間の想像に反して卒業証書だけは後に郵送されてきた（大正14年）。

この「動物学者失格」の烙印は間にとって大きなショックだったが、「生命現象の神秘に対する執着だけは断ちきれなくて」（間 1972b, p.6）、大正14年4月に京都帝国大学文学部哲学科に入り直し、西田幾多郎・田辺 元 両教授に師事する（昭和2年 中退）。

その一方で、当時、京都帝大理学部にしかなかった動物生態学・動物心理学を、その第一人者である川村多実二教授の元で学ぶ。偶然にも、この時、川村教授の動物学教室に赴任してきた東京帝大時代の友人である宮地伝三郎と再会した後に、間は当地で結婚し（昭和2年）、京都（北白川）に定住することとなった。

間によれば、動物学教室の川村教授からは「動物を殺傷しなくても研究できる"生きた動物学"や鉄砲にかわるカメラ・ハンティングについて教わることができた」（間 1972a, p.230）という。また、例えば川村教授の欧米学会の見学巡歴（昭和9年から昭和10年）にも間は同行したほど（川村 1936, p.2）、師弟の関係は緊密で、間のほとんどの著書で、川村教授から受けた学恩に感謝の言葉を添えている。

しかし、京都帝大入学後、すぐに「野生のニホンザル」の研究に着手でき

たわけではなく、まずは日本国内の有名な動物園や牧場、競馬場、サーカスなどで、家畜としてあるいは飼育動物として人間の支配の下に自由を奪われた動物たちを対象に研究を進めていった（間 1977, p.485）。その研究を推し進める契機の一つとなったのは、宮地に誘われ昭和6年に参加した「エトロフ島湖沼調査」で、参加した7名の内、間だけが馬に乗れず、ヒグマの恐怖に震えながら地平線の彼方に消えた馬上の一行の後を歩いて追った経験であった。帰国後、間は京大馬術部に頼み込んで、乗馬訓練に明け暮れた（間 1972b, pp.6-7）。そして、馬の表情研究に熱中し、競馬場通いを始める。また昭和11年には「馬の専門家」として満蒙学術調査に参加する（間組百年史編纂委員会 1989, p.603）。それら一連の研究活動が、「競走馬の表情研究」（間 1936）を始め、後の「馬の表情研究」（間 1941a・1941b・1941c・1941d・1941e・1954a）や「高等哺乳類の表情研究」（間 1941f・1941g・1941h・1941i）に繋がっている。

　これと関連して、昭和8年と昭和20年には、来日した外国サーカス団の中で動物たちと生活を共にし、それにより「人と動物との間には、コトバによらないコミュニケーションがあること、つまり、心と心がじかに触れあう対話のし方が存在することを悟った」（間 1972a, p.231）という。昭和9年から昭和28年までの約20年に亘る間の「動物の表情研究」は『動物の表情』（岩波書店編集部・間 1953）という写真集などにまとめられている。

　なお、この約20年の研究期間の内、間は、昭和12年、義兄 悟一に代わって父が創設した間組監査役、翌年取締役に就任。華北、華中等に出張し、亡父 猛馬の遺業を継いで積極的な東亜進出構想を提案したが、当時の小谷社長らに容れられず、昭和16年取締役を辞任している。間は、この約4年間、自らの研究のペースを落とすが、間組取締役辞任後、再び動物研究に専心していった（間組百年史編纂委員会 1989, p.603）。

　昭和23年、ニホンザル研究史の第一期を担った京都大学動物学教室の「霊長類研究グループ」の設立メンバーになり、野生ザルの本格調査を今西錦司・川村俊蔵・伊谷純一郎・徳田喜三郎各氏と共に始める。昭和29年か

ら京都 嵐山、加えて昭和 39 年からは比叡山の野生ニホンザルの生態調査・
餌付けを 20 年以上の間に亘って手がける。

　昭和 40 年頃、左眼失明というハンディを負いながらも、この嵐山・比叡
山のニホンザルとのかかわりを中心に執筆されたのが、本論文の標題でもあ
る『サルになった男』（間 1972a）である。この頃の嵐山ニホンザル群に関
する主要論文には、間（1962）、村田・間（1968）などがあり、一般少年少
女向けに書かれたものとして間（1957）がある。一方、間の自宅でニホンザ
ルを飼育しながら行われた「ニホンザルの発育と母子関係」に関する研究は、
伊谷・間（1953）、間（1954 b）などにまとめられている。また、比叡山の
ニホンザル群に関する研究論文には、間（1965）などがある。さらに、昭和
37 年、間が 63 歳の時に、「嵐山ニホンザル群の動態と体重測定」（間 1962）
に関する研究で理学博士を授与されている。

　その他、間は、愛知県犬山市に昭和 31 年に設立された日本モンキーセン
ターの研究員を終身で務めるなど、生涯を「ニホンザル研究」「動物生態学
研究」に捧げ、昭和 57 年 1 月 20 日に 83 歳の生涯を閉じた。

Ⅲ．主体変様的方法── 間直之助の実践から

　本節では、前節の間直之助の生涯に関する概観を踏まえて、間直之助のニ
ホンザルとかかわる際の認識方法について、黒田（2002）が述べる「主体変
様的認識」、そしてそれと対立する「客体観察的認識」という概念を用いな
がら考察したい。その際、(1) 認識者（間直之助）と被認識対象（ニホンザ
ル）との関係、(2) 認識過程、(3) その結果が与える影響に分けて検討を試
みる（伊藤 1999, pp.95-96）。

(1) 認識者（間直之助）と被認識対象（ニホンザル）との関係
　「客体観察的認識」においては、被認識対象（動物）の行動に対して、認
識者（研究者）が観察・測定・記録・録音等を行い、その結果を文字・記

号・数字・図式等に置き換え、綜合し、客観的演繹的な説明概念を構成する。つまり、両者は相互に独立し、距離を置き、直接接触はない。したがって、「主体——客体」の分離関係があるという意味で、非関与的である。

　長く動物研究には、この認識法が採られてきた。なぜなら「客観的説明概念こそ動物のあらゆる行動を説明できる」（黒田 2002, p.282）という研究者の根強い信念体系が存在するからである。この信念体系は「ロイド・モーガンの公準」（Lloyd Morgan's canon）と呼ばれる動物研究（比較心理学研究）上の考え方に強く支持されている（Morgan, C.L. 1894）。

　黒田（2002, pp.280-281）によれば、公準とは、科学的研究を進める際に最も根本的な仮定となるものであり、モーガンの公準は「どんな場合でも１つの行動を、それが心理学的発達段階で低いところにある機能の結果として解釈できる限り、より高い心の能力の働きとして説明してはならない」（p.280）と考えるものである。つまり、ニホンザルが対象の研究では、例えば犬や猫の行動・心理からニホンザルの行動・心理を説明しなければならなくなる。また、ニホンザルの行動・心理を人間の行動・心理から類推するなど、もっての外で、いわゆる「動物の擬人観」を排除して、客体観察的認識に向かって、観察・記録・測定といったことに研究者は邁進すればよいことになる。

　間の著作においても、このモーガンの公準のことは間接的には触れられているが、特に間をモデルとした小説『彼の生きかた』において、作者の遠藤周作（1977）は主人公に２回、このことについて語らせて強調している。その個所は、１回目は「猿の動作に人間の感情や心理を移しかえるのは間違いだということを一平（間がモデルの小説中の主人公）は勿論、知っている」（p.322）であり、２回目は「猿の心理を人間の心理から推測することは慎まなければならぬ。にもかかわらず……」（p.456）である。

　文中の「にもかかわらず……」以下は、文中には直接書かれていないが、モーガンの公準はよく理解しているものの、それでも間をモデルとした主人公は自らの心とニホンザルの心とを接近させ、それを一つの世界として共有しようとしていることが読者には想像される。作者の遠藤周作は何度も比叡

山の間の処に訪れ、行動を共にすることで、間のニホンザルへの「愛情」を
つぶさに目の当たりにしたのだろう。それが「にもかかわらず……」とい
う表現を採らせているのだと思われる。事実、この小説の「解説」（間 1977）
で、間直之助は、実際に遠藤周作と接してみて、「先生（遠藤）がどんなに
深く自然や野生の世界を愛し慈しんでおられるかということを知った」
（p.490）と述べている。

　一方、「主体変様的認識」においては、認識者（間）が被認識対象（ニホ
ンザル）と主客一体化し、同時瞬間的に交流し合うという意味で相互反応的、
関与的である。この一体化には、直接接触だけでなく、心理的接触も含む。
特に後者は、間が自らの心とニホンザルの心とを接近させ、それを一つの世
界として共有しようと努めている点において重要である。これはモーガンの
公準から言えば、「動物の擬人化」の最たるものということになるが、間の
著作を読むと、その方が動物認識の仮説として適切であろう場合もあるよう
に感じられる。

　ただし、このような主体変様的な動物認識においては、黒田（2002）が述
べるように「人間の側の妥当な表現に対する動物の側の受容の反応」（p.281）
が示されるばかりでなく、「人間の側の誤謬に対する拒否反応」（p.281）が
示され、動物に拒否・攻撃されることもあり得る。特に後者について、友人
の宮地（1962）は「間さんといっしょに動物園にゆくと、あぶなくてみてお
れない。間さんはトラともライオンとも、同じように主客一体にふるまった
り、岩田山（京都嵐山）のえさ場の残物あさりに集るイノシシの群れを、暗
夜に懐中電灯で照らしながら、サルと遊ばせたりするからである」（p.54）
と述べている。

　しかし、間は多少の傷は動物たちから受けたが、大怪我になるような事態
には一度も至っていない。それは間が、最初は動物の拒否や攻撃の状態に遭
遇しても、瞬時にそれを感じて、動物の心を和らげるさまざまな行動の変様
を試みているからである。これはすなわち、その時その時の動物の動きや変
化に密着して自分自身をいろいろと変化させ調節しながら動物を理解し認識

してゆく方法、「主体変様的方法」を用いているからに他ならない。

そのことは宮地（1973）の「サルを研究していて、サルからもその仲間入りを認証され、サル王国の市民権を得たのは、間さんだけである」（p.224）、「同じ生命の幹から分かれてきたヒトには、サルの心がわかるし、サルにもヒトの心が通じるのである。間さんは、それを実証している。間さん自身がその体得者であり、いわば研究報告書なのである」（p.225）という言葉からもわかる。間のニックネーム「サルになった男」は、宮地（1973）の「ヒトがサルに心を許させるには、サルになるしかない。間さんはそれをなしとげたのである」（p.225）という言葉通りに、常人には決して真似のできない、ニホンザル研究のフィールド・ワーカーとしての彼の卓越した能力を現わすものなのである。

（2）認識過程

「客体観察的認識」においては、認識者（研究者）が被認識対象（動物）からの反応を冷静に、かつ客観的に分析し、ときには数量化し、ときには記号化・文字化し、一般法則を樹立することを目論む。この際、認識者（研究者）の主観、ないしは被認識対象（動物）に対して思いを寄せるという意味での温かい「まなざし」を排除して行うことが必須となる。

一方、「主体変様的認識」においては、認識者（間）が主体変様という経験を積み重ねることから生じた勘、骨、技、直観、インスピレーションなど、他者に伝えることが極めて困難な方法によって瞬間的に洞察するところに特色がある。ゆえに先述した「常人には決して真似のできない」間独自の方法なのである。逆に被認識対象であるニホンザルも間の自分たちに向ける「思い・愛情」を「人間以上に発達した、彼らの生来の鋭い直観力によって感受する」（間1972a, p.52）のである。

そのことを間（1972a）からさらに考察してみたい。嵐山ニホンザル群の餌付けに比較的容易に成功した間だったが、次のフィールドである比叡山での餌付けには少々苦労した。サルたちの「陽動作戦」（ワカオスがわざと間

の近くを通り過ぎ、それを間が追いかけているうちに、群れのメスザルや子ザルを逃がす）、「沈黙作戦」（間の目の前から突然群れが消え、隠れて間を見ている）、「包囲作戦」（ハレムの中に迷い込んだ間をオスザル総がかりで猛攻する）などで、間は幻惑され、なかなか研究が進まなかった。

しかし、ある日を境に突然、間の視界は開け、事態は飛躍的に進展した。その様子を間（1972a, p.48）は次のように書いている。①間と一緒にいる限り、群れは見張りも斥候（せっこう）も立てなくなった。②外敵が現れると、間の元にサルたちが集ってくるようになった。③リーダーと同格の扱いになり、群れの中心に間がいてもサルたちが怒らなくなった。④他の人間を同行させて群れに近づくと、リーダーのサルはひどく不機嫌になった。これらは単にサルたちの遺伝的・本能的・反射的・生理的行動と理解するにはたいへん無理がある。間とサルたちの「心の交流が図（はか）られた」と表現するか、あるいは言葉によらない動物とのコミュニケーションによって主体変様的関係が成立したと言うべきだろう。

このように動物生態学研究における主体変様的認識には、長期間にわたって認識者（研究者）と被認識対象（動物）がかかわりあう過程が重要であることがわかる。その過程について間（1972a, pp.49-53）は、第1段階＝餌付けによってサルたちの恐怖心や警戒の念を、食の面から解きほぐす段階、第2段階＝サルの特質（性質・習性・能力など）について、サル独特のものと人間と共通するものを良く知り、活用することに努める段階、第3段階＝愛情の問題の段階、と具体的に表現している。特に第3段階の「愛情の問題」は、自然科学研究の分野では、無視されていた点であり、間のサルへの「思い」、サルとの「心の交流」を重視する研究態度の現われである。これは間が日常の直接的なサルとの「主体変様的かかわり」を通して学んだもの、あるいは実感されたものであると思われる。

サルに拒否・攻撃されずに愛情を示す主体変様的かかわり方について、その原則を間（1972a, p.53）は次のように述べている。①サルたちには、惜しみなく与える。②サルたちのものは、奪わない。③サルたちを欺（あざむ）

いたり、彼らの期待や信頼を裏切らない。④人間が万物の霊長であるなどと自惚れたり、サルたちを畜生だとか、獣などと侮らない。⑤サルたちを苛める者や、襲いかかる犬、その他の動物の危害からは、万難を排して彼らを守る。つまり、間にとっては「研究するもの（間）と研究されるもの（ニホンザル）とは、主従の関係ではなく、対等の関係にある」（間 1972a, p.53）のである。この視点は、被認識対象（動物・人など）とかかわりながら研究を進めるフィールド・ワーカーにとって特に重要な点である。

（3）その結果が与える影響

「客体観察的認識」においては、認識者（研究者）が多数の個体（例：ニホンザル）から広く、浅く、しかも距離をおいた資料を得て、かつそれに基づいて当該動物の行動の一般法則、いわゆる普遍性を捉えたつもりになっているが、個々体の（例：一匹一匹のニホンザルの）理解、さらにはそれらの個体が集まってできている群れの理解には至らない。

一方、「主体変様的認識」においては、認識者（間）が関与するのは少数の個体（ニホンザル）ないしは群れであるために、多数個体の資料に基づいて導き出される一般法則はたてられないが、その一個体一個体とのかかわりが重要であり、一個体一個体ないしは一つの群れを深く認識することで、「生命体同士のコミュニケーションの本質」の理解に至る可能性が高い。これらのことに関する考察は次節で行う。

Ⅳ．間直之助の人生と学問探究の特長

間は第Ⅱ節で述べたような言語障害（吃音）により、約半世紀に亘って人間同士の会話や電話のような文明の利器に対してさえ、恐怖の毎日を送らなければならなかった。間は、自分の境遇は、「実は人間同士あるいは機械を媒介とするコミュニケーションでは会得できなかった動物的コミュニケーションを強制的に訓練させられていたようなものだった」（間 1972a, pp.231-

232 ── 引用者、要約）と後に述懐する。つまり「人間社会では最大のコンプレックスの種だった短所（言語障害、人とうまくコミュニケーションできないこと）が、動物の世界での対話では、最大の長所であり武器であることに気づいたのである」（間 1972a, p.232）。

　間の動物生態学研究に一貫して流れているのは、「動物たちと交流したい、心を通わせてみたい」という少年時代の夢である。その際、言語障害が却って幸いし、動物との言葉によらないコミュニケーションを会得できた。それは無論一朝一夕にでき上がったものではないが、長い期間にわたる動物たちとの実際の「主体変様的かかわり」によって形成されたものであることは疑う余地がない。また、間は「人付き合いが下手だ」と本人も周囲の者も思っていたようだが、宮地（1973, p.226）によれば、間は「人づきあいがよく、信頼され、歓迎される」という。これは友人であるからの発言ではなく、実際、動物園や競馬場、嵐山や比叡山などの研究フィールドにおいては、間はたくさんの市井の人びととも付き合い、その人びとから信頼され、それを目的としたわけではないが、自らの研究を進めやすくしている。これもフィールド・ワーカーとしての得がたい資質である。

　一方、そのような研究手法は、客観的な行動を基にして考察されていないので、科学的ではないという批判をたびたび周囲の研究者から間は浴びせられたことがあった。しかし、間自身が自分は「学界における一介の素浪人であり、一放浪者であるにすぎない」（間 1972b, p.7）という姿勢を終始一貫貫き、社会的栄達を一切求めず、動物生態学の一フィールド・ワーカー、一研究者として人生を生きていくに従い、そのような批判は皆無になった。その自らの生き方によって周囲をも納得させることができる研究者は本当に少ない。また、間の研究手法の「科学性」については、「主体変様的方法」の実践という点において、現在では十分に批判に耐えうるものだと思われる。

　間は、研究生活の当初、動物の音声や表情などの研究に没頭したが、一番の関心は「動物と動物、ヒトと動物、もっと基本的には、生命体と生命体との、五感を越えたコミュニケーション」（宮地 1973, p.225）であったと推察

される。その探究は、主に動物との「主体変様的かかわり」を通じて行われたが、それを通じて、間独自の「生命体同士のコミュニケーションの本質」に迫りつつある考え方をいくつか提出している（間1954b、間1964）。

間（1954b）においては、新しい生命論を構築する際に、（1）思考そのものの解放、（2）動物を媒介とする思考の解放、（3）表現における思考の解放が必要なのではないかと提案されている。以下、この3つの視点から考察を試みる。

（1）思考そのものの解放

20世紀全般までの「生命学」は、その範を物理・化学に求め、「流動する生命を氷結させ、純粋持続する心を切断する方法」（間1954b, p.239）が採られていたため、あらゆる生命現象を人間の感覚器官で捉え、そしてその情報を文字や言語、数字や座標や子午線などの人工の手段で表現していた。それは研究者と対象とが、主従の関係、主体——客体の関係で結びついた世界だったのであり、研究者は常に対象と距離を置き、接することなく、固定された状態で、対象だけが移り変わっていく、というものであった。しかし、新しい生命論を構築していくためには「研究者も対象もともに動きうるような新しい領域を開拓するところから出発しなければならぬ」（間1954b, p.241）と間は考えている。

（2）動物を媒介とする思考の解放

ニホンザルなどの高等哺乳類を研究する場合、研究者が対象を観察するだけでなく、「研究者自身も対象から対等の力と立場をもって観察されている」（間1954b, p.9）。その際、研究者自体も、自らが研究しようとする生命現象の中に含まれる「生命者」なのである。したがって、研究者が対象と距離を置き、一方的に対象に対して操作的に働きかけることは不可能なのであり、研究者と対象（動物）は対等な関係の中で、相互的にかかわりあうのである。そのかかわりの実態をつぶさに探究していくのが動物生態学研究である。

（3）表現における思考の解放

　20世紀前半までの「表現における最高の手段としてもっぱら用いられていた言語・文字、およびそれと同系列の数字や図形などは、もともと静止固定の孤立した形式であって、生命の本質をつかむためには極めて不便であった」（間 1954b, p.246）。したがって、これに替わる表現方法を創出しなければならない、と間は考えている。その方法は、かつての方法にくらべて、より自由で流動的で、形や音から受ける先入観や第一印象に惑わされず、文化的にも時代的にも影響が少なく、そして習得にかかる期間も比較的短かいものでなければならない。間は、具体例として「映画的表現」をあげているが、現代のビデオカメラによる記録やコンピュータの多機能使用に繋がる考え方である。

　以上のような提案から、その後約10年の実践・調査・研究を続けた結果生まれた暫定的帰結は、論文「現代生物学の盲点」（間1964）に次のようにまとめられている。

① 　唯物・唯心や機械・生気の論説が対立する以前の基盤を発見すること。

② 　人間中心的なものの考え方をやめること。

③ 　表現の貧困もまた大きい障害になっているから、言語・文字・数字などよりももっと立体的総合的な高次の表現形式が創案されなければならぬこと。

Ⅴ．おわりに──まとめにかえて

　間直之助の動物研究は、明確な「生命体観」に裏打ちされ、その実践・研究は正に「主体変様的方法」を具現化している。それは一朝一夕に確立されたものではなく、動物たちとの長年の「主体変様的かかわり」を通じて徐々に形成されたものである。対象との主客分離の関係を廃して、お互いが主体として平等な関係となり、お互いの動き・変化に合わせて自分も変化しなが

34　人間性心理学の方法論の検討

らかかわりあう。まさにフィールド・ワークの一つの理想を提示している。しかし、間の生涯とその研究の特長を省みる時、主体変様的方法を用いる研究者にとっては、研究が単に「仕事としての研究」に留まらず、自らの人生を通じた「生命体同士のかかわりの探究」となる点において、たいへん困難な研究方法となる。

　心理臨床活動における「クライエント——カウンセラー関係」に何らかの示唆を得ようと考え、本章を執筆したが、安易に模倣あるいは適用を許さないところに「主体変様的方法」の厳粛さがある。我が国の伝統文化である武道・華道・茶道などの「道」の考え方に繋がるものがある。つまり、その人の一生涯を通じての「修行」の過程が、そのまま「主体変様的方法」を具現化していくようなその人の「生き方」が問題とされるのである。

　カウンセラーの立場から言えば、かけがえのない他者（主体）であるクライエントと共に、「主体変様的かかかわり」を今後の人生を通じて探究していく姿勢が求められるということである。その途上でいつの日か、それまで出会ってきたクライエント、今出会っているクライエント、そしてこれから出会うであろうクライエントと、真に「同行」している自分に気づかせられるのであろう。

【文献】

遠藤周作（1977）『彼の生きかた』新潮社。

間組百年史編纂委員会（1989）「間直之助（1899～1982）」間組百年史編纂委員会（編）『間組百年史 1889 - 1945』株式会社間組、603。

間直之助（1936）『競走馬の表情』芸艸堂。

間直之助（1941a）「馬の表情〔7〕——競走馬篇——」『植物及動物』9（2）、59-70。

間直之助（1941b）「馬の表情〔8〕——歴史篇——」『植物及動物』9（3）、85-92。

間直之助（1941c）「馬の表情〔9〕——歴史篇——」『植物及動物』9（4）、101-108。

間直之助（1941d）「馬の表情〔9〕——歴史篇——　7．アラビヤ馬」『植物及動物』9（5）、61-70。

間直之助（1941e）「馬の表情〔11〕——競走馬の気分と外貌の関係v」『植物及動物』9（6）、87-96。

間直之助（1941f）「チンパンジーの表情〔1〕」『植物及動物』9（8）、55-58。

間直之助（1941g）「チンパンジーの表情〔2〕」『植物及動物』9（9）、47-51。

間直之助（1941h）「チンパンジーの表情〔3〕」『植物及動物』9（10）、51-54。

間直之助（1941i）「チンパンジーの表情〔4〕」『植物及動物』9（11）、57-62。

間直之助（1954a）『馬の表情』法政大学出版局。

間直之助（1954b）『サルの愛情——ニホンザルの生態』法政大学出版局。

間直之助（1957）『お猿の動物学』恒星社。

間直之助（1962）「嵐山ニホンザル群の動態と体重測定」『岩田山調査研究報告』（岩田山自然史研究所）1、1-53。

間直之助（1964）「現代生物学の盲点」『生理生態』12、317-320。

間直之助（1965）「比叡山の野生ニホンザル」川村俊蔵・伊谷純一郎（編）『サル——社会学的研究』中央公論社、375-401。

間直之助（1972a）『サルになった男』雷鳥社。

間直之助（1972b）「宮地さんと私」『宮地伝三郎動物記 第1巻 月報』筑摩書房、5-7。

間直之助（1977）「解説——一平のモデルよりひとこと」遠藤周作『彼の生きかた』新潮社、484-490。

井村恒郎（1984）「臨床精神医学の方法——関与しながらの観察」井村恒郎『分裂病家族の研究』（井村恒郎著作集第3巻）みすず書房、389-401。

伊谷純一郎・間直之助（1953）「ニホンザルの発育と母子関係」『生理生態』5、112-121。

伊藤隆二（1999）「臨床教育心理学の本質の探究——『臨床の知』を主題に」『東洋大学文学部紀要』52、91-113。

岩波書店編集部（編）・間直之助（1953）『動物の表情』岩波書店。

川村多実二（1936）「序」間直之助『競走馬の表情』芸艸堂、1-2。

黒田正典（1982）「根底に横たわる科学理念の問題——法則定立的、個性記述的および個性変様的」杉渓一言（編）『現代の心理学を考える』川島書店、103-107。

黒田正典（1988）「心理学の理論および心理学史の意義」安倍淳吉・恩田彰・黒田正典（監修）『現代心理学の理論的考察』川島書店、3-17。

黒田正典（1996）「『主体変様的』という研究方法について」畠瀬稔（編）『人間性心理学とは何か』大日本図書、152-177。

黒田正典（2002）「東洋と西洋：主体変様的認識と客体観察的認識」渡辺恒夫・村田純一・高橋澪子（編）『心理学の哲学』北大路書房、273-303。

宮地伝三郎（1962）「後記」『岩田山調査研究報告』（岩田山自然史研究所）1、54。

宮地伝三郎（1973）「サルになった間さん」宮地伝三郎『宮地伝三郎動物記 第5巻』筑摩書房、220-226。

Morgan,C.L. (1984) *An introduction to comparative psychology*, London: Walter Scott, Limited.

村田源・間直之助（1968）「嵐山の植物とサルの食草」『岩田山調査研究報告』（岩田山自然史研究所）2、1-55。

人間性心理学の展開Ⅰ．「最も小さき者」とは誰か？

第3章

最も小さき者の下に立つ教育
——内村鑑三の米国ペンシルバニア州立知的発達障害児訓練学校での体験を主軸に

Ⅰ. はじめに——問題の所在

内村鑑三（1861-1930）の米国留学体験、特にペンシルバニア州立知的発達障害児訓練学校（Pennsylvania Training School for Feeble-Minded Children.——以下「訓練学校」と略）での看護人（attendant）としての体験に焦点を当てた研究論文を年代順に紹介すると次のようになる。①知的発達障害児教育史に関する長谷山（1955）の論文、②内村が体験したセガン式知的発達障害児教育法に焦点を当てた真行寺（1971）の論文、③中江藤樹と内村の体験の比較から知的発達障害児教育について考察した門永（1980）の論文、④内村の自己形成と教育観の発展について論究した木戸（1981）の論文、⑤わが国の知的発達障害児教育の開拓者の一人としての内村を紹介した黒澤（2001）の論文。

以上はいずれも知的発達障害児教育のパイオニアとしての内村という位置づけにある論究であるが、本章では、内村の知的発達障害児教育に携わった経験を、後にアマスト大学（Amhrst College）における回心（spiritual conversion）の契機となった体験であったとの視点から、論考を進めていく。その際、内村の体験の追体験を意図し、なるべく内村自身が書き遺した著作

第3章　最も小さき者の下に立つ教育　　*39*

を引用しながら、当初の「傲慢」「利己心」に満ちた慈善事業という内村の
意識態度から、後に「最も小さき者の一人」として覚醒していく内村の姿を
描き出していくことを通じて、「最も小さき者の下に立つ教育」の本質と意
義を考察したい。

　　Ⅱ. 「最も小さき者」へ向かう回心

　聖書による「最も小さき者」とは、神が選ばれた「世の愚なる者」「世の
弱き者」「世の卑しきもの」「軽んぜらるる者」「無きが如き者」（コリント人
への前の書　第1章第27節第28節）[1] であるが、より具体的には、子ども、
女性、病気の人、障害のある人、飢えている人、身体を売る人、罪人、奴隷、
取税人、羊飼い・豚飼いなどの牧畜人、行商人、小売商人、日雇い労働者、
門番・女中・給仕などの奉公人、サマリア人、異邦人などを指す（滝澤1997）。
それらの人びとは、才能、財産、地位、教養も無く、強い者から、疎んじら
れ、蔑まれ、虐げられ、痛みつけられ、押し潰されていて、いわば一見、
自分の内にも外にも自分を支え衛る力を見いだせない人びとである。
　マタイ傳福音書第25章に「最も小さき者」に関するイエス＝キリストの
次のような御言葉がある。「まことに汝らに告ぐ、わが兄弟なる此等のいと
小き者の一人になしたるは、即ち我に為したるなり」（第40節）、「誠 にな
んぢらに告ぐ、此等のいと小きものの一人に為さざりしは、即ち我になさざ
りしなり」（第45節）。イエス＝キリストのこれらの言葉は、自分と最も小
さき者を同一視しているかのようにも採れる。事実、神に対してAbba（父）
と呼びかけ祈りを捧げる際（マルコ傳福音書第14章第36節）のイエス＝キ
リストは、自らを「最も小さき者の一人」（父なる神の子）と位置づけ（三
好1987）、それに喜悦している（ルカ傳福音書　第10章　第21節　第22節）。
　このように、イエス＝キリストも「最も小さき者の一人」ならば、上の引
用を含むマタイ傳福音書第25章第31節から第46節までの「最後の審判」の
譬えには、イエス＝キリストが如何に自ら「最も小さき者の一人」として他

の「最も小さき者」と真摯に関わったかが、よく描かれていることにもなるのである。それでは「最も小さき者」のこの世での使命は何であろうか。それについてパウロは次のような譬えをもって答えている。

「體は一肢より成らず、多くの肢より成るなり。……げに肢は多くあれど、體は一つなり。眼は手に對ひて『われ汝を要せず』と言ひ、頭は足に對ひて『われ汝を要せず』と言ふこと能はず。否、からだの中にて最も弱しと見ゆる肢は、反つて必要なり。------神は劣れる所に殊に尊榮を加へて、人の體を調和したまへり。これ體のうちに分争なく、肢々一致して互に相顧みんためなり。もし一つの肢苦しまば、もろもろの肢ともに苦しみ、一つの肢尊ばれなば、もろもろの肢ともに喜ぶなり」（コリント人への前の書 第12章第14節から第26節）。

つまり、被造物としての人間は完全な人は一人としていない。天の「父なる神」と地の人間との橋渡しをする「神の子」イエス＝キリストを筆頭に、「人の子」は互いに扶け合い、補い合って生きていく必要があるのである。被造物とは別の言葉を使えば「神の似像」（imago Dei）である。したがって、神の似像である以上、父なる神に向かって、そこには価値の高い人、低い人といった差もない。皆「善い」のである。その証左として、創世記第1章には「神其像の如くに人を創造り給へり」（第27節）、「神其造りたる諸の物を視給ひけるに甚だ善かりき」（第31節）とある。

イエス＝キリストが示されたように、自らが「最も小さき者」であることを悟り、他の「最も小さき者」と関わり交わりながら真摯に生きていくことに覚醒することを「回心」と言う。内村鑑三は「コンボルションの実験」（内村 1930[1983]）という論文の中で「コンボルション（回心）は、方向転換であり、人はこれによって罪を自覚し、いったん自己が消滅し、そして再び自己を発見し、そこに神の自顕に与かる」と述べている。それを筆者なりに言い換えるならば、ある体験を契機として己の至らなさ、不完全性、弱さ、卑小さに気づき、イエス＝キリストのように自ら「最も小さき者」として覚醒し、そして他の「最も小さき者」と関わり交わって生きていく転換点と

なった体験、すなわち「最も小さき者に向かう回心」の重要性を説いていることになる。

　次節では、その内村の回心の契機となった米国ペンシルバニア州立知的発達障害児訓練学校での体験について、考察を試みる。

Ⅲ. 内村鑑三の米国ペンシルバニア州立知的発達障害児
　　訓練学校での体験と、その後

（1）渡米の背景

　1884（明治17）年11月6日、聖書と数冊の書物と幾ばくかの旅費を携えた24歳の内村鑑三は、父親一人に見送られて、米国から英国に航るため、シティ・オブ・トウキョウ号で横浜を出発した。内村の米国留学の動機は、浅田タケとの離婚問題からの逃避（鈴木 1984、pp.25-27）と、その離婚に関する聖書の真理を探るため（政池 1953、p.57）、また、キリスト教慈善事業の視察（内村 1925［1983、p.343］）などが本人および諸家により指摘されているが、現実には、それらが入り交じったものであったと推察される。特に内村の内面は信仰によって結ばれた（と思っていた）妻との離婚の打撃で、先の望みもなく、心に暗黒が垂れ込めた混沌とした状況であったと思われる（関根 1967、pp.37-38）。それに加えて、内村の友人たち（広井勇・新渡戸稲造・宮部金吾）のアメリカ行きの計画あるいは実行（秋永 1970、p.150）も大きな刺激となったことだろう。

　1884年11月24日の朝、内村を乗せた船はサンフランシスコ湾に到着した。この地に3日間滞在した後、12月15日にフィラデルフィアに着いたが、途中、ペンシルバニア州のミードビルに10日間滞在して、ハリス婦人の歓待を受けた。内村はフィラデルフィアに着くと、そこから西南12マイルにあるメディア（Media；クェーカー教徒により建設された宗教都市）にハリス婦人の伯父グリフィスを訪ねた。慈善事業視察の意思は堅かったが、その時の内村の経済状況はかなり逼迫していた。グリフィスは、その旨ハリス婦人

から連絡を受けていたので、内村を近所のエルウィン（Elwyn）にあるペンシルバニア州立知的発達障害児訓練学校に連れていった。

（2）訓練学校について

　内村の留学の最終目的は大学で学ぶことであった。むろん慈善事業にも並々ならぬ関心があったわけだが、前者の気持ちが強く、エルウィンの訓練学校を訪れた時も、長期間滞在するつもりはなかった。内村が訓練学校を訪れたのは1884年12月18日でクリスマスまで後1週間ほどの頃であった。校長（superintendent）のカーリン博士（Isaac Newton Kerlin 1834-1893：クェーカー教徒）から「君今別に居るべきの家なからん、クリスマス祭已に近きにあり、君先づ一週間余と共に居れよ、君の荷物は直ちに馬車を遣して取寄すべし、君は此処に居て可なり」（内村　1894［1982、p.54］）と言われ、すぐに内村は肯いた。そうして、内村は学校役員だけが持つことを許されている校内の鍵を貸与され、毎日校内を見学することとなった。暫くして、クリスマスの終わる頃、再び校長に呼ばれ「君は本館の雇人たるの意なきや、君は云ふ君は曾て日本政府の役人なりしと、然れども君の目的の如く慈善事業を学ばんと欲せば先ず最下等の位置より始むるの覚悟なかるべからず、君は此位置に下るの謙遜を有するや」と問われ、内村は「是れ余の最も欲する所、下賤の業を採るに於ては余の預め期せし所なり、閣下にして余を使役せらるゝの意あらば余の幸福之に勝るなし」（内村　1894［1982、p.55］）と答えた。

　こうして、内村は1885年1月1日から訓練学校で看護人として働くことになった。内村によれば看護人の職務は「直接に入院者に接するにあり、衣食の世話、寝室の気付け、所謂頭巓（頭の天辺——引用者、以下同じ）より趾尾（足の先）に至る迄を注意す」（内村　1894［1982、p.56］）述べている。内村の待遇は、給金は、食事代洗濯代は学校が負担して16ドル。2間と3間の清潔な個室が与えられ、その部屋は瓦斯灯、スチーム完備で明るく暖かだった。訓練学校は、4km²の敷地に石造りの4棟の建物が立ち、1863年の

設立当初の定員25名の小規模校から、約20年の発展により、内村が滞在した時には700名前後の生徒がいる巨大訓練学校へと変貌を遂げていた。

　19世紀後半当時のアメリカにおいては、知的障害者に対する反人道的思想により、自由を制限し、一般社会から隔離することが承認され、彼らを収容する施設（コロニー）が次々とつくられていった。そのような流れの中で、この訓練学校は1852年にペンシルバニアのジャーマンタウンに当初、私立学校として創設された。その後、1854年に州が援助するようになり、1855年にフィラデルフィアに移転したが、エルウィンには1859年に再移転した（Rhodes, J.R. 1901）。

　次に訓練学校の組織、目的、教育について順次述べていく。

　第1に組織だが、まず校長のカーリン博士について内村は「彼は院務全躰の総理にして院内に於ける無限の権力は彼の掌中にあり——彼は院内雇人百有余名の進退黜陟（功無き者を退け、功ある者を登用すること）を自由にし得べし、彼は予算の許す限りは院領一千エークルの地面は如何に変更するも可なり、院内一千有余名の生命実に彼の手に在りと称するも不可なきなり」（内村　1894［1982、pp.55-54］）と述べる。この校長（院長）の下に、院母、助手（医師）、会計、書記、教師、用務員（クラーク）、そして看護人がいる。内村によれば、院母とは女子部の総理で、校長に次いで権限を持つ。内村は「彼女の意に逆ふは危険なり、院長彼自身も時には彼女の譴責（過失などを厳しく咎めること）を蒙ればなり」（内村　1894［1982、p.56］）という。助手は医師で、今はボランティアであるが、未来の校長候補者でもある。会計、書記は学校の管理運営にあたり、教員は作業や遊びを通じての訓練や職業指導を担当し、用務員は主に食料品の調達に従事する。以上を称して役員と呼び、用務員以外の役員の大多数は女性である。また、役員以下の者が看護人と呼ばれ、直接、知的発達障害児に接して、その身辺の介助をするのであるが、内村も、その一人となったわけである。

　第2に訓練学校の目的であるが、内村は次の3つを挙げている。

「一、是等神経機能発育の防阻せられし者を取り、特種の方法を以て此防

阻を排除し、規定的発育（振り仮名ノーマルデボレプメント＝正常発達）を促がすにあり。二、是等人類中の廃棄物を看守し、一方には無情社会の嘲弄（馬鹿にすること）より保護し、他方には男女両性を相互より遮断して彼等の欠点をして後世に伝へざらしむるにあり。三、是等社会の妨害物を一所に蒐め、一方には社会を其煩累（面倒・心配）より免がれしめ、他方には適宜の下に彼等をして其資給の一部を補はしむるにあり」（内村 1894 [1982、p.59]）。要するに、この訓練学校の目的は知的発達の遅れ（mental retardation）の改善、一般社会からの隔離（isolation）と保護（protection）、断種（sterilization）、そして職業指導にあったわけである。その基礎には前述した19世紀後半の米国における社会防衛思想があったと推察される。

　第3に教育だが、内村は次のように述べている。

　「教授の内容は大凡左の如し、一、行状一重に静粛なるを教ふ、そは彼等は五分時と同時に平靖なるを得ざればなり、彼等をして十五分間手を組みて静粛ならしむるの教師は熟練のものと云はざるを得ず。二、色分け—青黄赤白黒の別を知らしむるにあり、白と黒とは容易に別つを得べし、然れども青と黒とは稍や難きが如し、紫と青の如き、黄と橙色の如きは最も難題なり、之を教ふるに色鈕釦を以てす、彼等をして同色のものを一糸に繋がしむ。三、算数なり—最下等のものは四を超ゆる能はず、最上等なものは阻滞なしに二十迄算へ得るものあり、書物を取りて其四隅あるを知らしめ、男女を両別して互に其数を算へしむ、一時間を消費して先づ滞りなく十を算へしめたりと思ひ、尚ほ一時間を経て彼等を試むれば、八を五の前に置くあり、六を九の後に言ふあり、然れども疳癪は起すべからず、復た再び試みんのみ。四、指先の鍛錬なり—釘を平板に穿ちたる穴に差し入れしむ、女子部に於ては針の穴に糸を通すの法を教ふるを以て専とす。其他概ね如斬の、其気長の仕事たる察すべし」（内村 1894 [1982、p.60]）。「白痴教育（知的発達障害児教育）の要は周囲の活動と快楽とに依り彼等の内に睡眠し居る精神を喚起するにあり、彼等の意志の微弱なる説勧的に彼等を訓致する甚だ難し、故に簡易なる手仕事あり、次序的機械運動あり、兵式躰操あり、音楽あり、智能発

達の程度に徇ひ各々其特効あり、殊に手工教育に至りては其の効益最も著し、故に白痴院（知的発達障害児訓練学校）なるものは病院又は学校と称するよりも白痴職工場（知的障害者福祉工場）と称する方却て適当なるが如し」（内村 1894［1982、p.65］）。

　以上から、訓練学校で行われていたのは、フランスからアメリカに亡命し、1856年初頭、短期間ではあるが、同訓練学校（当時は The Pennsylvania School for Idiot と呼称）の校長も引き受けていたこともあるセガン（Edouard Onesimus Séguin 1812-1880）の生理学的教育（内村 1894［1982、p.57］）であったと推察される。セガンは、いかなる知的発達障害児であろうと「『活動・知性・意志』をもった『統一体』であり、したがって、彼らに同じ人間としての深く強い愛と信頼を抱き、その障害の生理＝心理的事実についての科学的理解に基づく、系統的で総合的な教育的治療を行うならば、必ずその障害を軽減し、能力・人格を高めていくことができるのだ、ということを、その生涯にわたって実践的理論的に追求した。その体系が『生理学的教育』」（清水 1988、p.67）である。つまり、セガンの教育法は、感覚と運動の機能訓練により知的発達障害児を正常児の知的道徳的発達段階にまで高めようとするものであった。

（3）内村の回心への契機

　内村の看護人としての職務は、22名の知的発達障害児者の身の回りの世話と約40名の重度の子（人）の介助であった。看護人としての仕事は通常の職務に加えて、隔日に夜勤もあって、たいへんな重労働であった。特に、その精神的ストレスは否応なく大きく内村に圧し掛かってきた。職務は、口腔衛生、排泄・入浴介助、室内温度の調節・換気、蚤・虱の除去などであり、かつて内村が経験したことのない苦痛の連続であった。

　内村は次のように書いている。「二十余の自己を顧みざる人間を取扱ふは決して安易の業にあらず」（内村 1894［1982、p.62］）「発せんとする余の短気を圧へ、熾んとする余の慢心を静め、以て偏に基督の温順と謙遜とに倣

はんとせり、患者に靴をもて蹴らるゝ時、面部に唾せらるゝ時、余は之れぞ救主の忍耐を学ぶべきの機と思ひ、温顔を以て彼に対し、微笑を以て彼に報いたり」（内村 1893[1980、p.161]）「而して爾来三ヶ月間は余の未だ曾て味はざる生涯の苦戦なりき」（内村 1894［1982、p.60]）。

　この頃、後に自身「苦しみにあって如何にそれに処するかを教える」（浅野1968）と註解する旧約聖書ヨブ記を盛んに読んでいたようである（内村1938、p.140）。また、看護人の生活を指して、内村は「ルターにおけるエルフルト体験」[2] に譬えている（内村1938、p.131）。その意味するところは「（旧約聖書ヨブ記に象徴される如く）神が怒りの神としてではなく、（新約聖書におけるイエス＝キリストの如く）愛の神としてあらわれるところは、曾てカトリック教会において考えられていた媒介者としての祭司職ないしは人間的な守教的制度・慣習を通じてではなくて、直接的に個人の内面性に限定することが主張された」（阿部1949、p.128）ということであり、換言すれば、直接的に個人が自己の罪に目醒め、それに苦悩することを通じて、再び新しき信仰の世界への福音が齎されるということである。

　しかし、苦難の渦中にあった内村は上のようにはなかなか思えなかったようである。次のように書いている。「読者よ、一個の大和男子、殊に生来余り外人と快からざる日本青年が直に化して米国白痴院（知的発達障害児訓練学校）看護人と成りしを想像せよ、彼は朝夕是等下劣の米国人の糞尿の世話迄命ぜられたりと察せよ、彼は舌も禄々廻らざる彼国社会の廃棄物に『ジャップ』を以て呼ばれしと知れ、而して彼は院則に依りて、軟弱なる同胞に対する義務に依て、彼の宗教其物に依て、抵抗を全く禁止されしを想ひ見よ、余は自身も白痴（知的障害）にあらざる乎を疑ひたり、余は狂気せしが故に酔興にも如此き業を選みしかと疑へり」（内村 1894［1982、p.63]）。この内村の文章中には、訓練学校にいる知的発達障害児（者）を「下劣の米国人」「社会の廃棄物」と呼び、当初、内村が彼らを自分より「下の者」として見下していたことがわかる。

　けれども、次の体験などにより、内村の内面は徐々に変容を遂げていく。

ある日曜日、内村は当直で30余名の最も指導が難しい知的発達障害児（者）を終日、介助することになった。ところが、ダニーという子どもが「不敵不順」で、どうにも手におえず、それが全員に波及して秩序を乱して困るので、内村は密かに林へ連れ出して鞭で叩こうとした。しかし、安息日であるので怒るのを抑え、その代わりに内村自身が責任を引き受けて、罰として一回断食をすることにした。このことを全員に告げたが、皆は信じなかった。食事係や院母もやってきて、「食事を摂れ」と勧めたが、内村は食べずに床に就いてしまった。

　翌日、ダニーについて、知的発達障害児（者）が話し合いをもった。ダニーを追放することが決議され、校長に報告し、火曜日に校長はダニーを下のクラスに落として、さらに一回の断食を命じた。それ以来、内村とダニーとの関係は、気まずくなるどころか、親密なものとなった（内村　1894 [1982、pp.63-65]）。

　以上のような生活が1885年7月26日まで続いた。7月27日には訓練学校を後にしてグロースターへ向かい、内村の敬愛する札幌農学校教頭であったクラーク（William Smith Clark）の母校であるアマスト大学への入学準備を始める。知的発達障害児の教育に深く携わりながらも、信仰と自分の進むべき道に常に悩み続けていた内村は、慈善事業にも断ちがたいものを感じつつ、肉体を癒す医学の道も断念して、キリスト者としての伝道の道を選択したのである。そうして約8カ月に亘る訓練学校での看護人の職務は終わるのであるが、その後、訓練学校をたびたび訪れている。内村の米国留学は十字架の福音を確信する2度目の回心であった。また、それは一般的にはアマスト大学在学中に起こったとされるが、この第2回目の回心の契機は訓練学校で与えられたものと考えることもできる。

　訓練学校の看護人としての体験は、内村にとって苦難の連続であった一方、内面の変革を遂げる契機でもあった。そのことを友人の新島襄への書簡では「日曜日の勤務は終わり、小生の患者たちは皆ベッドの中にいます。今日は重苦しい日でした。それは精薄児（知的発達障害児）たちが小生にたくさん

に厄介をかけたからというよりは、（今ではもう、かなりそれに慣れました、
——原文通り）自分の弱さ、愚かさ、不信義などについての、深い良心の痛
みのためです」3) と述べている。文中、「自分の弱さ」「愚かさ」「不信義」
「深い良心の痛み」とあるが、訓練学校での体験が内村を「最も小さき者の
一人」として覚醒させていくきっかけとなった体験であったと推察される。
このような回心の契機となった体験を「変革体験」（experiencing change）4)
と呼ぶことも可能だろう。

（4）内村の教育思想の成熟——「最も小さき者」の下に立つ教育

内村は1885年6月にワシントンで開催された全国慈善事業大会にも出席し
ている。そこで内村は日本の慈善事業についての演説を行うとともに、知的
発達障害児の教育に関するたくさんの知見を得ている5)。そして後に次のよ
うな知的発達障害児教育に関する3つの暫定的な結論を述べている。「一 教
育の精神とは真実と耐忍と勉励とを以て躰中に秘蔵せられ居る心霊を開発す
るにあり——教育の秘訣は至誠にあり。二 白痴（知的発達障害児）教育は
吾人に宥恕（寛大な心で赦すこと）と寛容とを教ふるものなり。三 彼等
（米国人）を彼等の有する無数慈善院に於て観察せよ、彼等は君子にして基
督教信者なり——米国威力の淵源は是等慈善院にあり」（内村 1894［1982、
pp.66-68]）。

まさに、この文中のような態度に変容していった内村であったので、カー
リン博士も、内村が帰国すれば、必ずしや知的発達障害児の教育、広く慈善
事業に活躍するだろうと期待していた。しかし、内村は、そうならなかった。
その理由を内村は次のように述べる。「慈善、『愛人』事業は、余の『愛己』
的傾向が余の中にて全く絶滅せられるまでは余自身のものでないことを余は
知ったのである。霊魂の治癒は肉体の治癒に先行しなければならぬ、すくな
くとも余の場合においてはそうである、そして慈善はそれだけでは前者の目
的のためには無力であったのである」（内村 1938、p.151)。つまり内村は、
救われなければならない「小さき者の一人」としての自分が、どうして他人

を救うことができるのか、信仰不相応の慈善は偽善となる、と考えたのである。

　これは実直すぎる考え方であり、自分に厳しすぎるという見方もできるが、第Ⅱ節で述べた内村の「コンボルションの実験」という論文に示されたように、「魂の医者」たるを目指す内村は、教育という枠を超え、一人でも多くの「小さき者」と関わり共に生きる道（浜尾 1979）を選んだのである。

　その姿勢の偽りのなさを証明するエピソードとして、後に子息祐之（ゆうし）氏が精神科医を志望した折、父鑑三は「魂の医師の次に、心の医師が内村家に出るのはよいことだ」「心の悩みを解決するのは宗教と医学との協同作業だ」（内村美代子 1985、p.22）と言って心から喜び、さらに、エルウィンの訓練学校での体験をよく家人にも話して聞かせていた、ということがある。このような内村の姿からキリスト教教育が学ぶ点としては、学習者と同様に教育者も「最も小さき者の一人」なのであり、そうであるからこそ、学習者と共に学び合い、教え合うことができるという視点である。それは「最も小さき者の下に立つ教育」によって実現される。

　「最も小さき者の下に立つ教育」の「下に立つ」とは次の2つの意味を持つ。

　第1に humble の意味であり、自己を低くすることによって、己の卑小さを感じ謙虚になることである（佐藤 1983）。新約聖書ピリピ人への書第2章第3節第4節では「おのおの謙遜をもて互に人を己に勝れりとせよ。おのおのの己が事のみを顧みず、人の事をも顧みよ」とある。また、ルカ傳福音書第14章第11節には「凡そおのれを高うする者は卑うせられ、己を卑うする者は高うせらるるなり」とある。第2に「下に立つ」とは understand の意味である（伊藤 1995）。語源的にも understand は正に「下に立つ」の意で使われていた経緯もあるが、周知の如く「相手を理解すること」を指す。したがって、「最も小さき者の下に立つ教育」とは、学習者と教育者が、互いに教え教えられ、愛し愛され、生かし生かされて、自己創造しながら共に成長していく過程を指すことになる。

つまり、教育者自らも「最も小さき者の一人」として、自己を低くし、己の卑小さを感じながらも、それを受け容れ、謙虚な態度で、互いに「最も小さき者」として、学習者を真の信頼をもって理解し受け容れていくことが、この教育の出発点である。また、そのプロセスは、互いの人生に平安・自由・喜びを齎すであろうと考えられるのである。

Ⅳ. おわりに——まとめにかえて

内村鑑三のペンシルバニア州立知的発達障害児訓練学校での看護人としての経験は、後のアマスト大学における回心の契機となる変革体験であった。それは内村が「最も小さき者の一人」として覚醒していく過程へと繋がり、その意味で後の内村の根本精神を形成していく基礎となったものである。後の内村は彼が「慈善事業」と呼ぶ障害児の療育や福祉の活動には直接的には携わらなかったが、内村の上の体験は現代のキリスト教教育に大きな示唆を与える。それは「最も小さき者の下に立つ教育」という視点である。

「下に立つ教育」とは、自己（教育者）を低くし、相手（学習者）を理解することから出発する教育のことである。この教育にあっては教育者自らも「最も小さき者」として覚醒することが絶対条件となる。自らの至らなさ、卑小さ、弱さを自覚した教育者は、そのような自己の有り様を心の底から受け容れることによって初めて、学習者と互いに補い合い、教え合い、学び合い、共に成長していくことができるのである。

【注】
1) 以下、聖書からの引用は、日本聖書協会（1982）『舊新約聖書』（文語）による。
2) マルチン・ルター（Martin Luther 1483-1546）は21歳の時、激しい落雷に起因する急性パニック症状によって引き起こされた誓願に従い、エルフルト大学を退学し、突然アウグスティヌス会修道院に入る。そこでの生活は深い精神的苦悶と病的な宗教的懐疑を繰り返す数年間であった。しかし、そのような体験が逆にルターに「神はキリストを通して罪深い人間を受け容れ給う」という新たな義の理解に到達させ、そして

修道院生活を放棄させ、中世教皇制度に対する広範な抵抗運動の霊的指導者へと向かわせていく。詳しくは、Erikson, E.H. (1958) *Young Man Luther ; a study in psychoanalysis and history*. New York,London: W.W.Norton&Company. を参照。

3) 第75信（英文 封書）米国エルウィン内村鑑三より米国新島襄宛書簡［山本泰次郎（編）（1964）『内村鑑三日記書簡全集』第5巻——書簡1（1880 - 1896）教文館、155-156］。

4)「変革体験」とは、精神医学者・神谷美恵子の著書『生きがいについて』（1966）みすず書房の中の用語であり、神谷によれば次の4つの特徴をもつ。①変革体験は、ひとが人生の意味や生きがいについて、深い苦悩に落ち込み、血みどろな探求を続け、それがどうしようもないどん詰まりにまで行った時に初めて起こる。②変革体験は人間だれしもがもつ、こころの底に潜在化されて存在する「生きがいの源泉」「自己が生存する理由」を賦活（ふかつ）する。③変革体験は「人間を超えたもの」「大いなる他者」さらには「真の自己」との出会いである。④変革体験によって「使命感」「生かされていることへの責任」を自覚することによって、大きな「生きがい感」が得られる。①から④いずれも内村の訓練学校からアマスト大学における2度目の回心の体験に合致する。

5) 内村は同大会に招かれていた当時のアメリカの知的発達障害児教育の第一人者であり、ペンシルバニア州立知的発達障害児訓練学校の創設にも関わったリチャーズ（James B. Richards 1817-1986 ）の演説を翻訳し、1892年『基督教新聞』452号に発表しているが、知的発達障害児の教育に際しては「是等の小さき者の全身全力を尽して為したることを忘る可らざるなり」(p.282) と、リチャーズの演説の翻訳に内村は傍点をつけて強調している［内村鑑三（1981）「白痴の教育 故ヂェームス、ビー、リッチャーズ述」『内村鑑三全集』第1巻、岩波書店、277-283］。

【文献】

阿部行蔵（1949）『若き内村鑑三』中央公論社。

秋永芳郎（1970）『反逆と祈り——内村鑑三の青年時代』読売新聞社。

浅野順一（1968）「ヨブ記と内村鑑三」『基督教論集』（青山学院大学基督教学会）14、3-24。

浜尾文郎（1979）「小さい兄弟に向かう回心」『世紀』（カトリック総合文化誌）350、4-11。

長谷山八郎（1955）「白痴の教育と内村鑑三——精神薄弱児教育史の一資料」『天理大学学報』（天理大学人文学会）6（3）、107-119。

伊藤隆二（1995）「人間の価値と教育についての覚え書き」『横浜市立大学論叢』20（2）、53-85。

門永庄一郎（1980）「遅れた人の教育法──中江藤樹と内村鑑三」『大垣女子短期大学研究紀要』11、87-93。

木戸三子（1981）「内村鑑三の自己形成と教育観の構造」『教育学研究』（日本教育学会）48（3）、225-234。

黒澤雄三郎（2001）「わが国の知的障害児教育の始まり──明治期を中心に考察」『人間の福祉』（立正大学社会福祉学部紀要）9、99‐118。

政池仁（1953）『内村鑑三伝』三一書房。

三好迪（1987）「神にアバと呼ぶイエスと小さき者への配慮」『小さき者の友イエス』新教出版社、101-123。

Rhodes,J.R. (1901) "The Pennsylvania training School for the Feeble-Minded from the standpoint of manager." *Journal of psycho-asthenics; devoted to the care, training and treatment of the feeble-minded and of the epileptic* (American Association on Mental Deficiency) 5(1), 79-85.

佐藤敏夫（1983）「自己を低くする神」『神学』（東京神学大学神学会）45、15-20。

関根正雄（編）（1967）『内村鑑三』清水書院。

真行寺功（1971）「内村鑑三と精神薄弱教育」『和歌山大学教育学部紀要』（教育科学）21、85-102。

清水寛（1988）「セガン」精神薄弱問題史研究会（編）『人物でつづる障害者教育史──世界編』日本文化科学社。

鈴木範久（1984）『内村鑑三』岩波書店。

滝澤武人（1997）『人間イエス』講談社。

内村鑑三（1893）「求安録」［内村鑑三（1980）『内村鑑三全集』第2巻、岩波書店］。

内村鑑三（1894）「流鼠録」『国民之友』233‐251［内村鑑三（1982）『内村鑑三全集』第3巻、岩波書店］。

内村鑑三（1925）「クリスマス夜話＝私の信仰の先生」『聖書之研究』305［内村鑑三（1983）『内村鑑三全集』第29巻、岩波書店］。

内村鑑三（1930）「コンボルションの実験」『聖書之研究』356［内村鑑三（1983）『内村鑑三全集』第32巻、岩波書店、312-316］。

内村鑑三（1938）『余は如何にして基督教徒となりし乎』（鈴木俊郎訳）岩波書店。

内村美代子（1985）『晩年の父内村鑑三』教文館。

第4章

最も小さき者と共に歩む教育
── 聖フランシスコの「平和の祈り」を出発点として

Ⅰ．はじめに ── 問題の所在

　本章では、「最も小さき者」の一人として自ら覚醒し、その後、他の「最
も小さき者」とかかわり交わりながら、その生涯を善く生きた聖フランシス
コの「平和の祈り」を出発点として、そこからホリスティック教育（holistic
education）が学ぶべき点を検討していくことを通じて、「最も小さき者」と
共に歩む教育の本質と意義を考察する。「最も小さき者」と共に歩む教育と
は、学習者と教育者が互いに「最も小さき者」として覚醒し、平等な関係と
して真摯にかかわることによって、補い合い、教え合い、扶け合い、学び
合うことが目標とされる教育のことである。その際、本章では「アウェアネ
ス」「変革体験」「了解」「同行」という4つの視点を設定し論究する。

　「アウェアネス」（awareness）とは「覚醒」のことであるが、次の2つの
意味を含む。第1には「自己覚醒」（self-awareness）であり、その人が自分
という存在に目醒めて、どう生きるかを自覚する作用であり、自己の内側か
ら自然に起こってくるものである。第2に、その延長線上に「スピリチュア
リティの覚醒」（awareness of spirituality）、つまりは自他の隔てを置かず、
一切のものに親しみ・慈しむ心の働きがある。したがって、スピリチュアリ

ティの覚醒を目標として、自己覚醒していくプロセスを「アウェアネス」と呼んでいるわけである。これが「最も小さき者」と共に歩む教育が目指す方向である。

この「アウェアネス」の過程を歩むためには、この「最も小さき者」と共に歩む教育によるかかわりを通じて、学習者と教育者の間に「同行」関係をつくりあげていく必要がある。その「同行」関係をつくりあげていく際、この「最も小さき者」と共に歩む教育において重要な関係性概念である「了解」ということに留意していく必要がある。「同行」とは、学習者と教育者が互いに主観を開示し合い、真理に向かって人生修行を積み重ねることであり、「了解」とは、その主観を開示し合う時、それを一つの世界として共有し、分かち合うプロセスを言う。ここで言う「主観の世界」とは、その人なりの意味付けをもった喜び（歓び）・怒り・悲しみ（哀しみ）・楽しみ・苦しみ・迷い・戸惑い・焦り・慣り・不安・葛藤・希望・願望・意図・意志などの内的世界を指す。

その「了解」のプロセスないしは大きく「同行」のプロセスにおいて、善く生きることへの「変革体験」が起こることがある。「変革体験」とは、内的世界の構造転換であり、自分という存在に目醒めて、どう生きるかを自覚する作用である「自己覚醒」の契機となる体験である。それが「最も小さき者」と共に歩む教育において、さらに一段上の目標である「スピリチュアリティの覚醒」につながる場合もある。

以下、次節で聖書の視点から「最も小さき者」を定義した上で、第Ⅲ節において聖フランシスコの生涯を「平和の祈り」の視点から概観し、第Ⅳ節から第Ⅶ節においては、それぞれ「アウェアネス」「変革体験」「了解」「同行」の意味を考察することを通じて、「最も小さき者」と共に歩む教育の本質と意義を論述し、さらに最後の第Ⅷ節では本章全体のまとめと今後の課題を提示したい。

Ⅱ.「最も小さき者」とは――聖書より

聖書による「最も小さき者」とは、神が選ばれた「世の愚なる者」「世の弱き者」「世の卑しきもの」「軽んぜらるる者」「無きが如き者」（コリント人への前の書 第1章第27節第28節――以下、聖書からの引用は日本聖書協会1982による）であるが、より具体的には、子ども、女性、病気の人、障害のある人、飢えている人、身体を売る人、罪人、奴隷、取税人、羊飼い・豚飼いなどの牧畜人、行商人、小売商人、日雇い労働者、門番・女中・給仕などの奉公人、サマリア人、異邦人などを指す（滝澤 1997）。それらの人びとは、才能、財産、地位、教養も無く、強い者から、疎んじられ、蔑まれ、虐げられ、痛みつけられ、押し潰されていて、いわば一見、自分の内にも外にも自分を支え衛る力を見いだせない人びとである。

マタイ傳福音書第25章に「最も小さき者」に関するイエス＝キリストの次のような御言葉がある。「まことに汝らに告ぐ、わが兄弟なる此等のいと小き者の一人になしたるは、即ち我に為したるなり」（第40節）、「誠になんぢらに告ぐ、此等のいと小きものの一人に為さざりしは、即ち我になさざりしなり」（第45節）。イエス＝キリストのこれらの言葉は、自分と最も小さき者を同一視しているかのようにも採れる。事実、神に対してAbba（父）と呼びかけ祈りを捧げる際（マルコ傳福音書第14章第36節）のイエス＝キリストは、自らを「最も小さき者の一人」（父なる神の子）と位置づけ（三好1987）、それに喜悦している（ルカ傳福音書 第10章 第21節 第22節）。

このように、イエス＝キリストも「最も小さき者の一人」ならば、上の引用を含むマタイ傳福音書第25章第31節から第46節までの「最後の審判」の譬えには、イエス＝キリストが如何に自ら「最も小さき者の一人」として他の「最も小さき者」と真摯に関わったかが、よく描かれていることにもなるのである。

Ⅲ．聖フランシスコの生涯── 平和の祈り

　1986年10月27日、ローマ教皇ヨハネ・パウロ二世の呼びかけで、世界の諸宗教（仏教・神道・キリスト教・ヒンズー教・イスラム教・アメリカインディアン伝統宗教・ユダヤ教・ジャイナ教・アフリカ伝統宗教・シーク教・ゾロアスター教）の代表者百余人が、イタリヤの小さな宗教都市アッシジに集い、「宗教者平和の祈り」が開催された。そこでは平和討議が行われ平和アピールが採択されるといった「宗教平和会議」が行われたのではなく、世界の宗教者が一堂に会して、アッシジの聖フランシスコの「平和の祈り」を基に、ただただ一意専心「平和を祈ること」が行われたのである（外村 1988）。

　アッシジの聖フランシスコ（1181/82 ～ 1228）は、映画『ブラザー・サンシスター・ムーン』に描かれているように、小鳥と話ができたエピソードなどで、世界中の人びとに愛され、親しまれている聖人である。フランシスコは、イタリア・アッシジの裕福な織物商の家に生まれた。彼は、快楽を求め自由奔放な青春時代を過ごしたが、騎士になりたいと望み、戦場に赴く。しかし、捕虜として幽閉され、病気になり、父の賠償金で釈放後も再び大病を患い、その際、夢の中でイエス＝キリストに出会い、回心（spiritual conversion）して、イエスに従う決心をした。持ち物を貧しい人びとに与え、自らは粗末な服をまとい、ローマ中を巡礼したのである。

　1206年、アッシジに戻ったフランシスコは、サン・ダミアーノ教会の壊れた聖堂で祈っていた時、「神の家（教会）を建て直すように」とのキリストの声を聞き、すぐに聖堂の再建を始めた。フランシスコの父は、教会のために家の財産が費やされることを嫌い、フランシスコが財産を受け継ぐことを放棄する法的手続きをとり、勘当する。しかし、フランシスコは、よりいっそうキリストの言葉に従い、同志を集め、清貧と愛の生活を続けて、多くの人びとを感化し、当時の乱れた教会を改善していく。その後、ローマに赴き、教皇インノセント三世から許可を得て、1209年に「小さき兄弟会」、後の

「フランシスコ会」を創立した。「小さき兄弟会」の意味は、互いに自ら償いを行う者・貧しき者、つまりは「最も小さき者の一人」として「善く生きること」を目指して活動を続けていく共同体ということである。

　小さき兄弟会は急速に発展し、ヨーロッパ全土に広がり、パレスチナおよび北アフリカに活動の場を伸ばしていく。1219年フランシスコ自身エジプトに赴いてイスラムのスルタンと交誼を結び、聖地パレスチナおよびシリアを訪れた。会員たちは宣教、司牧、学問、社会福祉に携わって、神と人びとへの奉仕を行う。1223年グレチオで、牛や驢馬を入れた小屋を作り、そこで「キリストの降誕祭」（クリスマス）を祝った。この時から教会の中に小さな人形や模型の馬小屋を設えてキリストの誕生を記念する習慣が生まれた。さらに1224年には、フランシスコはラヴェルナ山でキリストの5つの傷（聖痕）を、その身に享けるという恵みに浴するのである。

　フランシスコは特別に学問をした人ではなかったが、いくつもの書き物を残している。その中で「太陽の歌」（1225年）はよく知られている。そこでは、太陽を兄弟、月を姉妹と呼ぶことをはじめ、自然、大地、小鳥などの小動物、延いては「死」まで、つまりはこの世の森羅万象が神の手になる「兄弟姉妹」として、親しく呼びかける対象となるという聖フランシスコの「愛と平和」の思想が表現されているのである。

　生来健康に恵まれていなかったフランシスコの体は種々の病気に蝕まれて衰弱し、1226年10月3日アッシジのポルチウンクラで44歳の生涯を遂げた。そして、2年後の1228年7月6日に聖人の列に加えられた。遺骸は1230年5月25日に移され、アッシジの聖フランシスコ大聖堂に安置された。フランシスコはイタリアの守護聖人とされている。自然をこよなく大事にしたフランシスコは「環境保護の守護聖人」とも宣言された。さらに、平和の大切さを力説したフランシスコの心に基づいて、「アッシジの精神」を継承する「世界の平和を祈る集い」が、毎年全世界の宗教者によって行われているのである。

　「祈るということは無力である」と言う人もいる。祈りは争いや災害の具

体的解決・救援手段としては確かに無力である。

　しかし、祈りは、宗派・年齢・性別・人種・障害の有無・健康か病気かなどにかかわらず、あらゆる人びとのつながりを回復させ、また人間のみならず、人間を超えるもの、自然・宇宙といった森羅万象の世界に抱かれている「わたし」を自覚させる。そこから、自分と他者との隔たりを置かず、一切のものに親しみ・慈しむ心の働きが生まれる。そして、自らの「弱さ」（無力さ）に覚醒する。弱さの自覚は「生かされている自分」という気づきをその人にもたらすが、同時に自らが主体的に「生きている自分」ないしは自分なりに自分の人生を精一杯歩んでいこうとする「生きていく自分」の自覚を促す。別の表現を用いれば「存在への勇気」「生きる勇気」（courage to be）を覚醒させるのである。

　聖フランシスコの「平和の祈り」は彼が自ら書き記したものではないが、彼は生涯、身をもって、この祈りを実践している。これは現在も平和思想の原点として尊重されているものである。本節の最後に全文を紹介したい。

Saint Francis's Prayer for Peace

Lord, make me an instrument of thy peace.

Where there is hatred, let me sow love　／Where there is injury, pardon／Where there is doubt, faith／Where there is despair, hope／Where there is darkness, light／Where there is sadness, joy

O Divine Master／Grant that I may not so much seek／to be consoled, as to console／to be understood, as to understand／to be loved, as to love

For it is in giving that we receive／it is in pardoning that we are pardoned／it is in dying that we are born to Eternal Life.

Amen.

聖フランシスコの平和の祈り

主よ、私をあなたの平和をもたらす道具としてください。

憎しみのあるところに、愛を／傷つけあうところに、赦しを／疑いのあるところに、信頼を／絶望のあるところに、希望を／暗闇のあるところに、光を／哀しみのあるところに、歓びを／もたらす者となれますように

ああ、聖なる主よ／私を／赦されることより、赦すことを／理解されるよりも、理解することを／愛されるよりも、愛することを／求めるものにしてください

なぜなら、人に与えるならば、自分も享けることができ／人を赦すならば、自分も赦され／そして、死によって、永遠の命として生きることができるからです。

アーメン。

なお、本節執筆に当たっては次の文献を参照した。

アントワーヌ, L.（1994）、有島（1940）、Alger, A.L.（1964）、Bader, W.（1990）、Bobin, C.（1999）、Boff, L.（1989）、チェラノのトマス（1992）、Chesterton, G.K.（1989）、Cowan, J.（2001）、De La Bedoyere（1964）、Dennis, M., Nangle, J., Moe-Lobeda, C., Taylor, S.（1993）、Englebert, O.（1979）、ドゥッケル, C.（1986）、石井（1994）、石井（1995）、Jörgensen, J.（1955）、川下（1988）、川下（1991）、カザンツァキ, N.（1981）、Leclerc, E.（1992）、永井（1998）、聖ボナヴェントゥラ（1981）、下村（1965）、庄司（1988）、Spoto, D.（2002）、武田（1989）。

IV.「最も小さき者」として覚醒すること──アウェアネス

　「最も小さき者」と共に歩む教育では「一人一人の生きている姿（生命性）、ないしは一人一人の、部分に分割することのできない日々の生活の姿（生活全体）」（伊藤 1998a、p.49）に着目するが、それは人生において「生きている時間にいのち（生命性）を覚知することである」（伊藤 1997b、p.144）。この文中の「覚知」（awareness）は「覚醒」とも訳されるが、「覚醒」とは前述の通り、「自己覚醒」つまりは自分という存在に目醒めて、どう生きるかを自覚する作用であり、それが「スピリチュアリティの覚醒」につながる場合がある。この場合のスピリチュアリティとは「自他の隔てを置かず（これは共感性 empathy に基づく）、一切のものに親しみ（この意識を宇宙意識 cosmic consciousness という）、慈しむこころ（これを同行の姿勢という）」（伊藤 1997c、p.33）の働きを指す。

　また、このスピリチュアリティの覚醒に志向し始めた人は「文字通り、マイペースで『生』の充実感を味わう」（伊藤 1997c、p.34）という。言い換えれば、それは「生きていることの喜びを実感するとともに、生きがいある人生を築きつつ、かつ他に尽くすという責任感をもって実践している姿」（伊藤 1995a、p.69）である。それはつまり聖フランシスコのように「最も小さき者の一人」として覚醒することから出発するのである。

　ところで聖フランシスコの生涯に注目した一人に精神医学者・神谷美恵子がいる。神谷は、その主著『生きがいについて』で聖フランシスコの『小さき花』の中の「苦しみと悲しみの十字架こそわれわれの誇りうるものである。なぜならば『これこそわれらのもの』であるから」（神谷 1980、p.136）という神へ捧げられた祈りの一節を紹介している。また神谷は同書（pp.173-203）において次のように述べている。

　「最も小さき者」としての苦しみや悲しみのどん底といった限界状況の中で、なおも「生きがい」を見いだしている人の心は、こころの広がりの変化

から言えば、空間的には、その苦しみや悲しみ・願望は「社会化」され、他の「最も小さき者」と共に苦しみ、そして癒し癒される関係を願っている。そして時間的には、現在のみならず、過去や未来の「最も小さき者」とも連帯しているという歴史的意識と使命感で「歴史化」されている。さらに、心の奥行きの変化としては、精神の力によって時空を超え、あらゆる場所と時代の「最も小さき者」とも連帯できる。また、その行動は目的・効用・必要・理由などと一切関係しない、それ自らの活動になっており、その活動からは純粋な「よろこび」「生きがい（感）」がもたらされる。

　以上をまとめて神谷は「精神化」（spiritualisation）と呼んでいるが、その人の心が精神化されていく方向には、その人が「最も小さき者の一人」として覚醒し、他の「最も小さき者」とかかわり交わりながら善く生きることを通じての「アウェアネスの過程」（自己覚醒からスピリチュアリティの覚醒へのプロセス）が不可欠に関係しているということである。

V.「最も小さき者」へ向かう回心——変革体験

　それでは第Ⅱ節で述べた「最も小さき者」のこの世での使命は何であろうか。それについてパウロは次のような譬えをもって答えている。「體は一肢より成らず、多くの肢より成るなり。……げに肢は多くあれど、體は一つなり。眼は手に對ひて『われ汝を要せず』と言ひ、頭は足に對ひて『われ汝を要せず』と言ふこと能はず。否、からだの中にて最も弱しと見ゆる肢は、反つて必要なり。-----神は劣れる所に殊に尊榮を加へて、人の體を調和したまへり。これ體のうちに分爭なく、肢々一致して互に相顧みんためなり。もし一つの肢苦しまば、もろもろの肢ともに苦しみ、一つの肢尊ばれなば、もろもろの肢ともに喜ぶなり」（コリント人への前の書　第12章　第14節から第26節）。

　つまり、被造物としての人間は完全な人は一人としていない。天の「父なる神」と地の人間との橋渡しをする「神の子」イエス＝キリストを筆頭に、

「人の子」は互いに扶け合い、補い合って生きていく必要があるのである。被造物とは別の言葉を使えば「神の似像」(imago Dei) である。したがって、神の似像である以上、父なる神に向かって、そこには価値の高い人、低い人といった差もない。皆「善い」のである。その証左として、創世記第1章には「神其像の如くに人を創造り給へり」(第27節)、「神其造りたる諸の物を視給ひけるに甚だ善かりき」(第31節) とある。

　ところで「変革体験」とは前述した神谷の文献の中 (『生きがいについて』第11章「心の世界の変革」・第12章「現世へのもどりかた」) で紹介されている概念である。それによれば、変革体験とは、もともと宗教の世界では「神秘体験」として総称されてきたものだが、神谷 (1980) によれば「神秘ということばのあいまいさを避け、宗教以外の世界にもおこるこの種の体験(神秘体験と類似の体験——引用者、以下同じ)」(p.235) を「変革体験」という言葉で表現している、という。神谷 (1980) の見解に沿って「変革体験」の定義と特徴をまとめると次のようになる。変革体験とは「人格形成の一過程」(p.235) として考えられる「ふつうのひとにもおこりうる、平凡な心のくみかえの体験」(p.235) である。ただし「平凡な」というのは「ありきたりの」という意味ではなく、誰にでも起こりうる可能性があることを指す。また変革体験は、その人の「全人格の重心のありかを根底からくつがえし、おきかえるようなもの」(p.236) であるが、変革体験には「急激な形のものから静かな形のものまで、あらゆる段階と色あいがある」(p.235) のである。

　このような「変革体験」の心理学的な意味を解説しているのは、G.W.オルポート (Allport, G.W.) である。Allport, G.W. (1955) によれば「変革体験」は「トラウマティック・リセンタリング」(traumatic recentering) (p.87) と表現され、「時としてパーソナリティ組織の正に中心が、突然にそして明らかに何らの警告もなく、転換することがある」(p.87) と説明されている。「トラウマティック・リセンタリング」の「トラウマティック」(外傷的な) とは、パーソナリティの構造転換の契機となる出来事を指しており、例として「愛する人との死別、病気に罹ること、宗教的回心、更には先生の話を聞

くこと、本を読むことさえも」（p.87）、それに含まれるが、そのような、言わば万人が人生途上にあって遭遇するであろうことを含む、ある「出来事」を契機として、その人のパーソナリティの中核部分の「構造転換」がはかられることもある、という指摘である。

　「最も小さき者」と共に歩む教育における「変革体験」は「『よく生きること』が妨げられ苦悩するひとみずから『よく生きること』に志向していく転機となる臨床の場（教育の場）」（伊藤 1997a、p.149）における体験を指す。その変革体験により、教育者は学習者から「自己創造に志向し得た喜びが実感される」（伊藤 1997a、p.151）のである。この場合の「自己創造とは、その人としての可能性の実現であり、意味深い人生を歩むことを意味する」（伊藤 1995a、p.72）。

　すなわち「クライエント（学習者）にとって最も重要なのは『よく生きること』、つまりは自己創造に志向することであり、それは臨床家（教育者）自身がそのクライエント（学習者）と共に『よく生きること』、つまりは自己創造すること（同行すること）そのものを意味する」（伊藤1997a、p.152）のである。

VI. 「最も小さき者」との相互理解——了解

　「了解」という概念は、その対立概念である「説明」と対比されて、1913年に精神病理学者のカール・ヤスパース（Karl Jaspers）によって提出された概念である（Jaspers, K. 1923）。これは1894年のヴィルヘルム・ディルタイ（Wilhelm Dilthey）による「私たちは自然を説明し、私たちは心的生を了解する」（Dilthey, W. 1957, p.144）という提唱を受けて、その概念をヤスパースが精神病理学の立場から発展させたものである。前者の「説明」が、対象を客体化して自然科学的因果連関を明らかにしようとする、いわば「外からの認識方法」であるのに対して、後者の「了解」は、対象の体験に共感を寄せ、その体験を追体験しようとする、いわば「内からの認識方法」である。

64   人間性心理学の展開Ⅰ．「最も小さき者」とは誰か？

　一方、「最も小さき者」と共に歩む教育においても、学習者・教育者の双方は、相互にかけがえのない「主体」（subject）である。この際の英語のsubjectは「主体」と訳される場合と「主観」と訳される場合があるが、その両方の意味を考える必要がある。つまり、「最も小さき者」と共に歩む教育における「了解」とは、学習者と教育者の双方が、それぞれ「主体」（subject）として、互いに「主観」（subject）を開示し合い、それを一つの世界として共有し分かち合う（sharing）プロセスを言う。もし仮に教育者が学習者を自分とは切り離された人間として「客体化」した場合、すなわち「操作対象」として教育してやるという態度で接した場合、学習者は教育者に失望し、「最も小さき者」と共に歩む教育における関係は崩れ去る。

　また、その教育過程において、学習者と教育者が「客観的な事実関係」ばかりを述べ、お互いの喜び・怒り・悲しみ・苦悩・願望・希望・意図・意志といった、その人にとっての「主観的現実」を意識的に、あるいは無意識的に排除していた場合、学習者と教育者お互いの深い相互了解による自己変容（self-transformation）が起こりようもない。つまり、「最も小さき者」と共に歩む教育とは、学習者と教育者が互いに「主体」としてかかわりながら、双方の人格的成長を目指して、自らの「主観」を開示しあい、相互了解・相互理解の道へと向かうプロセスそのものだと言えるのである。

　したがって、「最も小さき者」と共に歩む教育は「その人（学習者）の主観の世界に自分（教育者）の主観の世界をparticipate（関与させる）しながら、両世界をshare（分かち合う）することに努める」ことを基本に置き、さらに「その人（学習者）と共に苦しみ、共に悩み、共に歓び合うという」関係を目指す教育と言える（伊藤 1998a、p.53）のである。「最も小さき者」と共に歩む教育において、学習者と教育者が「相互に主体として出会いつつ一つの世界を共有しているとき」（伊藤 1997a、p.151）、学習者と教育者は「相互に内在的に融合し、共に生かされつつ生きていることを自覚し、かつ自分を生かしてくれている魂に気づき、深い感謝の念を抱きつつ、よく生きることに志向する」（伊藤 1995a、pp.68-69）。この際、「互いに相手の主体性

を認め、相手の内面の世界に共感し、それを受容し、そして相手を尊重（肯定）し、同じ方向（人類普遍の恒久平和の創造、絶対安心の実現、そして生きがいある人生を歩みつづける、という方向）にむかって一体となって人生修行しはじめる（同行する）ならば、両者完全とはいえないまでも、相互に理解しあえる」（伊藤 1995a、p.57）のである。それがここで言う「最も小さき者」と共に歩む教育における「了解」という概念である。

Ⅶ.「最も小さき者」と共に歩む教育──同行

　前節までの検討でも明らかなように「最も小さき者」と共に歩む教育における学習者と教育者は「縁によって結ばれ、共に弱いもの（最も小さき者）として『同行する』ように運命づけられた関係を大切にし、クライエント（学習者）と共に真実の自己の発見と、真実に生きるという自覚をもち、（「最も小さき者」と共に歩む教育における出会いとかかわりを）真摯に生きるひとつの契機と受けとめるのである」（伊藤 1997a、p.147）。この同行の姿勢により、学習者・教育者の双方が「意味深く生き、豊かに自己を創造し、充実した人生を歩む」（伊藤 1995a、p.68）という方向に志向していく。

　一方、教育者側からの視点に限定すると、教育者は学習者を「同行のひととして受容することを臨床家（教育者）としての自分の生きる課題とし、修行する」（伊藤 1997a、p.161）のである。それは「一人ひとりの人生に深く関わることが研究者（教育者）の生命となっているゆえに、その一人ひとりの出会いの瞬間から、その人生に全面的に責任を有することになる」（伊藤 1998b、pp.173-174）からである。したがって、教育者は常に「自分とは何か、自分の役割とは何か、よく生きるとはどういうことかといった問いを自分自身に課してみる」（伊藤 1989a、p.14）必要があるのである。

　「最も小さき者」と共に歩む教育における「同行」とは、人間と人間とが互いに主観を開示しあい、真理（絶対善）に向かって人生修行を積み重ねることを指す。絶対善に向かってとは、絶対者の大いなる世界（精神的次元

spiritual dimension）に向かってという意味である。それへのアプローチは「自己超越（self-transcendence）の叡智（wisdom）」により可能になる。この場合の自己超越とは、自己が他者や事物や宇宙など、あらゆる森羅万象と一体化していることへの気づきである。つまり、自己の心身の状態や自然界の出来事をあるがままに受容している状態である。善と悪、真と偽、聖と俗、悟と迷などの二分法を超えて、それにとらわれない境地である。その「智慧」にアプローチする際の心的作用を「叡智」と呼ぶのである。

　一方、人間と人間との関係に視点を限定すると、同行は、同一地平線上で相互に主体として出会うことから始まる。その際、年齢・性別・人種・障害の有無・健康か病気かなどにかかわらず、それぞれ「最も小さき者」として苦悩を背負いつつも、ありのままの自分として等身大の人間同士が「出会う」のである。この場合の「出会い」（encounter）とは、互いにかけがえのない「汝」であり「我」であること、すなわち主体同士であることを前提として、互いに相手の心と身体の不可分なる現象を了解していくこと、すなわち心理的次元（psychic dimension）と身体的次元（somatic dimension）とが融合した世界にアプローチしていくことを指し、さらにそれが高次の精神的次元（spiritual dimension）、すなわち大いなる他者の世界への超越へと繋がっていくのである。

　最後に「出会い」の視点から本章をまとめるとすれば次のようになるだろう。「最も小さき者」と共に歩む教育における変革体験は「自分自身と真に『出会い』、すなわち自己覚醒して、自分の人生を自分の力で切り開いていく契機となる体験」と言える。「自分自身と真に出会う」とは小林（1986, pp.360-362）によれば、他者を知ること・他者を信ずること・他者を愛することという「他者との人格的交わり」すなわち「同行」によって、他者との関係の中に「自分自身の姿を探る」というプロセスから接近されるものである。「なぜなら、自己というものの内面奥深いところでの成長（アウェアネス）は、今日一般に人々が考えているように、その人のその人自身に対する関係から行われるのではなく、ある人と他者との間の関係（同行）から、し

たがってある人間とある人間の間にあっては特に相互的に立ち現れてくるということから——私が他者の自己を立ち現すと共に、逆に他者によって私が私の自己を立ち現されているということを知ることから——受け容れ合い、認め合い、証し合うという相互性（了解）と一体となって遂行されるからである」（Buber, M. 1960, p.36）。さらにそれをエレンベルガー（Ellenberger, H.F. 1958）では「出会いとは、一般的には二人の人間の偶然のめぐりあい、あるいは初めての接触という意味に使われているが、出会いとは本来、二人の個人の一方（時には双方）にとって、その邂逅（了解・同行）から起こる決定的な内的体験（変革体験）のことである。何らかの統一的なもののヴェールが剥がされ、新しい地平が開かれ、その個人の世界観が改編され、時にはパーソナリティ全体の構造が再編される（アウェアネス）というものである」（p.119）と表現されるのである。

なお、これまでたびたび引用してきた伊藤隆二の「同行」概念についての詳細は次の7点の文献を参照されたい。和田・伊藤（1977）、伊藤・和田（1984）、伊藤（1986）、伊藤（1989b）、伊藤（1993）、伊藤（1995b）、伊藤・松田・藤巻・和田（1995）。

Ⅷ. おわりに——まとめにかえて

本章は聖フランシスコの「平和の祈り」を出発点として、そこからホリスティック教育が学ぶべき点を検討するために「アウェアネス」「変革体験」「了解」「同行」という視点を設定し、「最も小さき者」と共に歩む教育の本質と意義について論述してきた。その結果、次のことが明らかになった。まず「アウェアネス」とは「覚醒」のことであるが、次の2つの意味を含む。第1には「自己覚醒」であり、その人が自分という存在に目醒めて、どう生きるかを自覚する作用であり、それは自己の内側から自然に起こってくるものである。第2に、その延長線上に「スピリチュアリティの覚醒」、つまりは自他の隔てを置かず、一切のものに親しみ・慈しむ心の働きがある。した

がって、スピリチュアリティの覚醒を目標として、自己覚醒していくプロセスを「アウェアネス」と呼んでいるわけである。これが「最も小さき者」と共に歩む教育の目標ということである。

　その目標である「アウェアネス」にアプローチするためには、「最も小さき者」と共に歩む教育におけるかかわりや交わりによって、学習者と教育者の間に「同行」関係をつくりあげていく必要がある。その「同行」関係をつくりあげていく際、「最も小さき者」と共に歩む教育において重要な関係性概念である「了解」ということに留意していく必要がある。

　「同行」とは、学習者と教育者が互いに主観を開示し合い、真理に向かって人生修行を積み重ねることであり、「了解」とは、その主観を開示しあう時、それを一つの世界として共有し、分かち合うプロセスを言う。その「了解」のプロセスないしは大きく「同行」のプロセスにおいて、善く生きることへの「変革体験」が起こることがある。「変革体験」とは、内的世界の構造転換であり、自分という存在に目醒めて、どう生きるかを自覚する作用である「自己覚醒」の契機となる体験である。それが「最も小さき者」と共に歩む教育において、さらに一段上の目標である「スピリチュアリティの覚醒」につながる場合もある。

　「最も小さき者」と共に歩む教育において、「了解」し合い、「同行」する関係形成から、「自己覚醒」（アウェアネス）が生じ、自分の生きる目的に気づき始める。そのアウェアネスの過程では、善く生きることへの「変革体験」が起こることもある。また、そのアウェアネスの過程では、さまざまな葛藤・苦悩に苛まれながらも、学習者と教育者は自らの生きる目標・目的・意味・価値・理由を求め、さらに生きる喜び・張り合い・充実感を感じながら、自らの人生行路を歩んでいく。それが「最も小さき者」と共に歩む教育の究極の姿と言える。

【文献】

アントワーヌ, L.（1994）『アシジのフランシスコを読む』（小島俊明訳）聖母の騎士社。

有島武郎（1940）『カインの末裔／クララの出家』岩波書店。

Alger, A.L. (1964) *The little flowers of Saint Francis of Assisi.* Mount Vernon, New York: The Peter Pauper Press.

Allport, G.W. (1955) *Becoming; basic considerations for a psychology of personality.* New Haven, London: Yale University Press.

Bader, W. (1990) *The prayers of Saint Francis.* New York: New City Press.

Bobin, C. (1999) *The secret of Francis of Assisi; a meditation*. Boston, London: Shambhala.

Boff, L. (1989) *Saint Francis; a model for human liberation.* New York: Crossroad.

チェラノのトマス（1992）『アシジの聖フランシスコの第二伝記』（小平正寿／フランソア・ゲング共訳）あかし書房。

Buber, M. (1960) *Urdistanz und Beziehung*. (zweit Auflage) Heidelberg: Lambert Schneider.

Chesterton, G.K. (1989) *St.Francis of Assisi.* New York: Random House.

Cowan, J. (2001) *Francis; a saint's way.* Liguori: Liguori/Triumph.

De La Bedoyere (1964) *Francis; a biography of the Saint of Assisi*. New York: Doubleday&Company.

Dennis,M., Nangle, J., Moe-Lobeda, C., Taylor, S. (1993) *St.Francis and the foolishness of God.* New York: Orbis Books.

Dilthey, W. (1957) *Abhandlungen zur Grundlegung der Geisteswissenschaften*. (zweit unveränderte Auflage) Stuttgart, Teubner, Göttinmgen: Vandenhoeck und Ruprecht.

Ellenberger, H.F. (1958) "A clinical introduction to psychiatric phenomenology and existential analysis." In May, R., Angel, E., Ellenberger, H.F. (edited) *Existence; a new dimension in psychiatry and psychology.* New York: Basic Books,pp.92-124.

Englebert, O. (1979) *St.Francis of Assisi; a biography.* Ann Arbor: Servant Books.

ドゥッケル, C.（1986）『小さな福音——アシジのフランシスコによる回心の生活』（フランシスコ会訳）あかし書房。

石井健吾（訳）（1994）『アシジの聖フランシスコの小さき花』聖母の騎士社。

石井健吾（訳）（1995）『続・アシジの聖フランシスコの小さき花』聖母の騎士社。

伊藤隆二（1986）『今ここに生きる教育を』国土社。

伊藤隆二（1989a）「心理治療 psychotherapy をめぐって」伊藤隆二（編）『心理治療法ハンドブック』福村出版、3-19。

伊藤隆二（1989b）『同行教育を語る―― 人生の意味を深めるために』くだかけ社。

伊藤隆二（1993）『福祉のこころと教育』慶應通信。

伊藤隆二（1995a）「臨床教育心理学の方法論的考察」『東洋大学文学部紀要』48、49-81。

伊藤隆二（1995b）「『同行教育』の課題と展開」伊藤隆二『学校と教師を問い直す』福村出版、146-156。

伊藤隆二（1997a）「臨床教育心理学と『事例研究』の研究―― 間主観経験を主軸に」『東洋大学文学部紀要』50、145-173。

伊藤隆二（1997b）「『発達と教育』の思想の研究―― ホリスティック・パラダイムからの考察」『創価大学教育学部論集』42、137-153。

伊藤隆二（1997c）「現代の思想とこころの教育の研究―― 内からの覚醒を主題に」『中央学術研究所紀要』26、26-48。

伊藤隆二（1998a）「事例研究による教育心理学の再構築―― 範例中の典型を主軸として」『東洋大学文学部紀要』51、43-67。

伊藤隆二（1998b）「現代の思想と人間形成の研究―― フィランソロピズムへの道程」『お茶の水女子大学 人文科学紀要』51、170-185。

伊藤隆二・松田高志・藤巻尚衛・和田重正（1995）『同行と教育』くだかけ社。

伊藤隆二・和田重正（1984）『同行教育のすすめ』地湧社。

Jaspers, K. (1923) *Allgemeine Psychopathologie; f ür Studierende, Ärzte und Psychologen.* (dritt Auflage) Berlin: Springer.

Jörgensen, J. (1955) *Saint Francis of Assisi; a biography* . New York: Doubleday & Company.

神谷美恵子（1980）『生きがいについて』みすず書房。

川下勝（1988）『フランシスカニズムの流れ―― 小さき兄弟会の歴史（1210～1517）』聖母の騎士社。

川下勝（1991）『太陽の歌 アシジのフランシスコ』聖母の騎士社。

カザンツァキ, N.（1981）『アシジの貧者』（清水茂訳）みすず書房。

小林純一（1986）『創造的に生きる―― 人格的成長への期待』金子書房。

Leclerc, E. (1992) *The wisdom of the poor one of Assisi* . Pasadena: Hope publishing House.

三好迪（1987）「神にアバと呼ぶイエスと小さき者への配慮」『小さき者の友イエス』新教出版社、pp.101-123。

永井明（1998）『アッシジの聖フランシスコ』サンパウロ。

日本聖書協会（1982）『舊新約聖書』（文語）。

聖ボナヴェントゥラ（1981）『アシジの聖フランシスコ大伝記』（聖フランシスコ会監

修・宮沢邦子訳）あかし書房。

下村寅太郎（1965）『アッシシの聖フランシス』南窓社。

庄司篤（訳）（1988）『アシジの聖フランシスコの小品集』聖母の騎士社。

外村民彦（1988）『宗教は核時代に何ができるか——全記録・アッシジの祈り』朝日新聞社。

Spoto, D. (2002) *Reluctant Saint; the life of Francis of Assisi.* New York: Penguin Books.

武田友寿（1989）『聖者の詩——わがアッシジのフランシスコ』聖母の騎士社。

滝澤武人（1997）『人間イエス』講談社。

和田重正・伊藤隆二（1977）『人間を見る目・教育を見る目』柏樹社。

人間性心理学の展開Ⅱ．「コンパッション」の意味

第5章

教育におけるコンパッションの意味
──灰谷健次郎『だれも知らない』批判をめぐって

I. はじめに──問題の所在

　教育の荒廃が叫ばれて久しい。その原因を教育政策・教育行政の貧困に求めることも多い。しかし、そのようなマクロな視点も重要であるとは思うが、もっと現場の教育実践活動から考察される教育の根本にある原理、もっと言えば人間の本質と価値への明確な視点がないかぎり、今後の教育界の将来は暗いと考える。筆者が考える教育の原理とは、学習者と教育者とが互いに主体（subject）となりかかわることから、共に学びあい、教えあい、扶けあい、補いあい、そして共に生きていくために必要な「人間としての原理」である。それに対して現況は、教育者ないしは学校が一方的に学習者に教授するという状況であり、学習者は操作されるべき客体（object）となっている。

　操作対象とされた学習者は、うわべだけの知的操作能力や記憶力、運動能力、芸術的な能力を高められた少数の者が「優秀者」「勝者」「強者」と呼ばれ、それ以外の大多数の学習者のうち、特に上の能力が際立って低い者は「落ちこぼれ」「劣等者」「敗者」「弱者」と呼ばれる。こうして優勝劣敗、弱肉強食、強者の論理が教育界に蔓延し、能力の低い者、劣等者、敗者、弱者とレッテルを貼られた学習者は切り捨てられていく。

第5章　教育におけるコンパッションの意味　75

　自明なことながら、人間はどんな人もかけがえのない独自な存在である。
したがって、「今・ここで・この私」として存在すること、すなわち生きて
いることに絶対的な価値がある。また人間は一人では生きていけない。他者
と交わって生きていく。その交わりを通じての絶えざる自己変革の過程を
「人生」（life）と呼ぶこともできる。教育という営みは本来この人と人との
かかわりによって互いが自己創造ないしは自己成長していくプロセスを指
す。つまり、学習者と教育者が互いに主体となりかかわって生きていくこと
を通じて互いに自己の人生を意義深く生きていくことに教育の目標がある。
その際、それを支えるのが人間存在に本来的に備わっている「コンパッショ
ン」（compassion）[1]という資質である。

　コンパッションとは、一般には「思いやり」、宗教界では「憐れみ」と翻
訳されている言葉だが、神学者で司祭であったH.J.M. ナウエン（Henri J.M.
Nouwen）によって次のようにさらに明確に解説されている。「コンパッ
ションという言葉は、ラテン語のpati（苦しみに耐える——引用者、以下同
じ）とcum（共に）からなり、この2語を組み合わせて『共に苦しみに耐え
る』ことを意味する。コンパッションは、何者かが傷ついている状況へと
赴かせ、痛みを負っている他者の立場へと入っていかせ、失意や恐怖、混乱
や苦悩を他者と分かち合うようにさせる。コンパッションは、悲惨の渦中に
ある人と共に声を出して一緒に泣いたり、孤独に苦しむ人と共に一緒に悲し
みを共有したり、咽び泣く人と共に涙を流すことを私たちに促す。それはま
た、弱い人と共に弱くなり、傷ついた人と共に傷つき、無力な人と共に無力
になることを要求する。コンパッションは人間存在の本質に完全に浸りきる
ことを意味する」（McNeill,D.P., Morrison,D.A., Nouwen,H.J.M. 1983, p.4）。

　本章は、1979年に発表された児童文学作品である灰谷健次郎『だれも知ら
ない』（灰谷 1998）に対する批判への反証を通じて、教育におけるコンパッ
ションの意味を考察しようとするものである。

　ところで、『だれも知らない』を要約すると、次のようになる（中村 1988,
p.79）。

『だれも知らない』は、麻理子という肢体不自由の少女が主人公である。自宅から養護学校行きのバスが出る停留所までの200mの道のりを40分間かけて歩む彼女の姿を、この作品は描いている。その200m40分の間にさまざまな他者（動物・植物・昆虫なども含む）と彼女は出会い、かかわる。

　自宅から歩き始めて麻理子はまず猫のクロに出会う。彼女はクロに朝の挨拶をする。ゴロゴロニャーンとクロが鳴く時は、クロの機嫌の良い時である。機嫌の悪い時は、体の調子が悪い時である。クロは仕出し屋さんに飼われているので、料理の残り物を食べ過ぎるらしい。そんな時は、麻理子が熊笹の葉をクロにあげる。すると大抵、その翌日はゴロゴロニャーンと鳴いてくれるのである。

　それから少し歩くと海が見える。海を少し見て、2回目の休みをとる。そこは、広っぱの端で潅木がはえている。運が良ければ、蜂のシャボン玉吹きが見られる。蜂は、朝露で元気一杯なのである。体内の余分な水分をそうして外に出しているのかもしれないのだが、傍で見ているとシャボン玉を吹いているように見えるのである。蜂がシャボン玉を吹くと、麻理子は喜んで手を叩く。

　また海を見ながら歩くと、製パン工場が近づいてくる。麻理子は匂いでパンの種類を当てる。「オッス、麻理ちゃん」とパン工場の職人さんが声をかけてくれる。「おはようさん」と麻理子も挨拶する。

　しばらく行くと、はるみおばさんの家の前に来る。はるみおばさんは、お母さんの姉である。はるみおばさんは、色とりどりの松葉牡丹を育てている。麻理子は松葉牡丹に朝の挨拶をする。そして、松葉牡丹に触れてみる。麻理子が左からそっと1本のおしべに触ると、残りのおしべが一斉に左を向く。右からも、真ん中からもやってみる。麻理子はこの時間が一番好きだ。

　そして麻理子の200mも終わりに近づく。大通りに出る。サラリーマンが駆けていく。眠そうな目をした学生が行く。泣いている子を引きずっていく母親もいる。麻理子とお母さんは、その人たちを先にやりながら、一歩一歩、歩いていくのである。

第5章　教育におけるコンパッションの意味　77

　以下、第Ⅱ節において『だれも知らない』への代表的批判を紹介し、続く第Ⅲ節においてそれらの批判への反証を通じて教育におけるコンパッションの意味を考察する。そして最後に第Ⅳ節において本章全体のまとめを試みる。

　　Ⅱ．『だれも知らない』への批判

『だれも知らない』への批判について、以下発表年代順に列挙する。

（1）批判① 最首悟（1980, p.18）

　「二百メートル歩くのに、四回休み、四十分かかる麻理子が、その制約のために、いかに鋭い観察者となったか、あるいはいかに豊かな感性の持ち主であるかを、作者はいわば手ばなしでうたいあげてしまうのである。『だれも知らない』世界を、作者はそれぞれに発見して、『だれも知らない』と思うゆえに、そのような世界を作品化して、人に伝えようとする。読者は、もともと、そういう世界を受けとろうと待ちかまえているのである。そして作者のうたいあげは、読者の、受けとろうとする開いた心を萎えさせてしまう」。

（2）批判② 奥田継夫（1981, p.141）

　「まぎれもなく、灰谷さんは弱者の代弁者だが、彼の本は読むほうに、特に、非障害者に、重い倫理感を読後に強いる」。

（3）批判③ 長谷川潮（1981, p.10）

　「灰谷文学は、現在二つの重要な問題に直面していると思う。一つは障害者のとらえかたの角度であり、もう一つはとらえることについての過信である。『生きることの意味を学ぼうとしているから』障害児を書くという灰谷は、当然彼らの生き方の中にある肯定的な部分だけを取りあげる。そして、『苦しい人生を歩んでいる子どもほど優しさに満ちていた』というふうに一般化する。どういう部分を描くかは作家の自由だが、それを一般化し、さら

には絶対化するときに、あやまりが生じる。障害児であろうとなかろうと、人はだれでも強さも弱さも、美しさも醜さも持っている。そういう人間の一面だけを絶対化するとき、それは一種の信仰になる。灰谷健次郎における子ども（弱者）絶対化は、かつての童心主義[2]を思い出させる。灰谷の子ども観は、新童心主義と呼ぶべきものになっているのではないだろうか。新童心主義の使徒としての灰谷は、たとえば『だれも知らない』の主人公の少女をプールに連れていって、その笑顔を見たときのことを次のように書く。『彼女の笑顔は私には見えている。しかし、プールサイドにいる人々には彼女の笑顔は、笑顔として見えていないのだ』。自分だけが見えるとは、無邪気な過信というべきか。また他者不信というべきか」。

（4）批判④ 藤田のぼる （1983, p.78）

「『だれも知らない』の麻理子の登場によって、僕らは障害児である彼女自身の生の意味、豊かさをつきつけられ、そこに自らの生の意味を重ねざるを得なくなった。このことの意義はきわめて深い。だが、同時に次のことも言える。……（中略）……麻理子の生の我々にとっての意味という方向は成立しても、その逆は成立しにくい。即ち、我々は麻理子の生から一方的に"学ぶ"しかないのだ。麻理子の生きる内実で自らの内実を問いなおすことはあっても、例えば麻理子の弱さと自らの弱さを重ねるという方向は閉ざされているのだ。これはやはり文学としては片手落ち[3]であり、言わば僕らは『だれも知らない』をバイブルとして読むしかないのである。これは麻理子のためにも、また僕らにとっても不幸なことではあるまいか」。

（5）批判⑤ 玉田勝郎 （1984, p.28）

「作者の『志』（思い入れ）は別にして、作中（つまり虚構上）のこの少女は全くといってよいほどリアリティがない。その子どもが『実は大変な「生」をもっている』（灰谷の発言）ということ、そのことの予感が作中において形象化されていない。いわゆる『健常者』の感受性からはみえないところの、

その生命感覚なるもののありようが肉感的に表現されていない。いいかえれば、作者灰谷の眼は、自ら造形したこの少女の内部感覚に入りこむことができず、外から、つまり『健常者』の位相と感性でこの少女を追っているにすぎない」。

(6) 批判⑥ 清水真砂子（1984, pp.188-202）

「灰谷は『麻理子』をたぶん"弱者"ととらえていた。……（中略）……弱者ととらえ、よりそい、代弁した。彼らの側に立っ（たつもりになっ）て、彼らをたたえ、聖化し、返す刀で、今日の支配的モラルからぬけだせない人びとを告発し、糾弾した。……（中略）……灰谷がよりそい、代弁する人びとにもあるはずの影の部分、すなわち、あやまりや醜さをなぜ書かないのか。……（中略）……（読者は）良心的であることをつねに強要される。……（中略）……良心的であることは、しょせん、その人間の自己満足でしかない」。

(7) 批判⑦ 竹長吉正（1990, pp.227-228）

「構成も表現も緻密である。また、障害児に対する暖かいまなざしがうかがわれ、障害児の内面に立ち入って描こうとする積極性が見られる。しかし、その描き方が問題である。主人公、麻理子の世界は、それ自体で充足した、閉じられた世界になっている。現実の社会や人々との関係性が希薄であるため、読者には単なる絵空ごとと受けとめられかねない」。

Ⅲ．教育におけるコンパッションの意味
　　──批判への反証を通じて

　本節では、前節での批判に対する反証を行うことによって、教育におけるコンパッションの意味を考察する。

80 人間性心理学の展開Ⅱ.「コンパッション」の意味

（1）批判①に対する反証——共に生きるということ

　この批判では、灰谷が麻理子という登場人物を使って、あるいは麻理子に成り代わり、世間の人は障害児について「だれも知らない」と言っていると解釈されている。しかし、この作品をつぶさに読んでいけば、灰谷はむしろ麻理子と寄り添い共に生きる母親の視点にいることがわかる。例えば、灰谷（1999, p.250）では、障害児の親ないしは養育者が、その障害児を理解できるのは、自分の子どもだから、自分が生んだから、一緒に暮らしているからと他人から勝手に解釈されることが多いが、実はそれが可能になるには、その障害児が悩んだり苦しんだりしていることを、その障害児以上に親や養育者は悩んだり苦しんだりしているからだと言い切っている。まさにコンパッションの視点であり、作品の中で灰谷が母親の視点に立ち麻理子に寄り添う姿がイメージされる。その意味でコンパッションは「私的で自己中心的でナルシスティックなものではなく、（人間の本質に含まれる）一般的に見られる現象」（Fox, M. 1979, p.14）なのである。

　灰谷は「共に生きるということ」の意味を一編の詩に託して、この作品（『だれも知らない』が収められている『ひとりぼっちの動物園』）の冒頭に置き、次のように述べる。「あなたのしらないところに／いろいろな人生がある／あなたの人生が／かけがえのないように／あなたの知らない人生も／また かけがえがない／人を愛するということは／知らない人生を知るということだ」（灰谷 1998, p.148）。灰谷が障害児と共に生きる親や養育者ないしは教育者の視点から、これを言っているとすれば、さらに人と人とがかかわって「共に生きるということ」への深い省察へと繋がる可能性がある。それはすなわち、障害者・健常者の枠を超え、私たち一人ひとりが他者および他者の人生を知り、その他者および他者の人生とかかわりながら自己の人生を歩んでいくことの意味を再認識させられるということである。

（2）批判②に対する反証——倫理で生きる

　この批判者は「重い倫理感を読後に強いる」と述べているが、道徳

（moral）と倫理（ethic）の概念の混同がある。道徳は外発的動機づけによって「やらなければならないからする」「やってはいけないからしない」という場合の外在的行動原理である。一方、倫理は、内発的動機づけによって、ないしは自己の内側から自然に起こってくる覚醒から「やりたいからする」「やりたくないからしない」とする主体的内在的行動原理である。したがって、道徳は教えられるが、倫理は教えられない。倫理とは、人と人とのかかわりから一人ひとりが実感していくものなのである。灰谷は子どもとのかかわりから「人間の生命力」を学んだ。そして励まされ、教えられているのは却って大人・教師である自分自身であることに気づく（灰谷 1982, p.269）。この倫理的気づきもコンパッションに通底する。

　すなわち、コンパッションとは「道徳的命令ではなく、人間的な、また人間を超えた存在のエネルギーに満たされた絶えることなき湧出（すなわち「倫理」）」（Fox. M. 1979, p.25）である。つまり、私たちは道徳で生きるのではなく、倫理で生きることが本来の姿といえる。したがって、コンパッションは「他者への憐れみではなく、他者と共にある祝福」（Fox, M. 1979, p.2）となるのである。

（3）批判③に対する反証——信頼

　この批判者によれば、灰谷は障害児者の肯定的部分だけ取り出して、それを絶対化する「還元主義」（reductionism）に陥っているという。そして灰谷とモデルとなった少女とのプールサイドでの実際の出来事を批判する。「自分だけに少女の笑顔が見え、周囲の人には少女の笑顔は見えなかった」と言う灰谷を「無邪気な過信」「他者不信」と斬って棄てる。ここにも根本的な誤解がある。灰谷（1997, pp.89-101）によれば、事実はこうである。灰谷は「自分だけが少女の笑顔が見えた」と言っているのではなく、周囲の人と同様にそれまで少女の笑顔を認識できなかった自分を、そのとき発見し、「寄り添うことの真の意味」を教えられたと書いている。障害児を一方的に美化・聖化しているわけではない。

また弱者を絶対化し、読者にそれを強要しているのでもない。他者への優しく暖かい「信頼」（confidence）の眼を私たち一人ひとりがもつことの大切さを主張しているにすぎないのである。ということは、障害・健常、子ども・大人という枠を付けず、他者と共に教えあい、学びあい、補いあい、扶けあって生きることの根底には、この「信頼の眼」が存在し、おのおのの人生が紡ぎ出される、と考えるのである。

それをコンパッションの視点から言えば、信頼とは「単に閉ざされた人間中心主義によるものではなく、その広がりは宇宙的であり、そのエネルギー源は人間を超えた存在からである」（Fox, M. 1979, p.17）となる。人間性のある部分を取り出して絶対化する還元主義によって起こる悪しき人間中心主義（利己主義）を超えでていくためには、人間を超えた存在とのかかわりを抜きにできない。そのかかわりにより、人間は初めて「生かされている自分」に気づく。そして「卑小な自分」を自覚する。その自覚は同時に他者との連帯を可能にする。真の他者への信頼はその時に生まれる。そして他者および「大いなる他者」（人間を超えた存在）とのかかわりによって「生かされている自分」と「生きている自分」の逆転現象が起こる。つまり、主体的に自分として生きている自己を人間は発見するのである。灰谷の他の文章からは、このような内面での彼の変容が見て取れるのである。

（4）批判④に対する反証——他者とかかわること

先述のように灰谷は麻理子と寄り添い共に生きる母親の視点にいる。したがって灰谷は麻理子という障害児と自分を決して同一視しているわけではない。作者の分身という意味では作中の人物すべてが作者であるという言い方もできるが、例えば、作中に出てくる他の人びと、麻理子を「気味悪い」「あんな子、なにが楽しみで生きてるのやろ」と言う心無い人のもつ「弱さ」の部分に自らの「弱さ」を重ねてみるとどうだろう。もし障害児者とそれまで付き合いがなく差別感や偏見を自分が抱いていたとすれば、声に出さないまでも同じことを自分も考えたかもしれない。そう考えると自らの「内なる

不完全性」への気づきへと繋がっていくのではないだろうか。人間は完全な人はいない。障害のあるなしにかかわらずどの人も不完全な存在である。だからこそ他者とかかわり（commitment）、お互いが変容していく必要があるのである。

　現実の灰谷も、この作品のモデルとなった美佐子ちゃんと本屋さんで絵本を見ている時に「ああいう子って、なんの楽しみがあるんやろ」という声を聞いて怒りそして悲しくなり、美佐子ちゃんを傷つけてはいけないと店を連れ出している（灰谷 1997, p.93）。作品では、麻理子のお母さんが、その悲しみを体験している。灰谷が感じたものが「共に苦しむこと、共に悲しむこと」すなわちコンパッションであるとすれば、自ずと次に「内なる不完全性」（例：「自分にも美佐子ちゃんの笑顔が見えていなかった」）への自覚が促されたはずである。その意味で、コンパッションは「禁欲的で取り澄ました態度でも抽象的な思弁的思考でもなく、誠意をもって人とかかわる」（Fox. M. 1979, p.21）ことから生まれると言えるのである。

（5）批判⑤に対する反証──生命感覚

　この批判者は作中の麻理子には健常者の感受性からはみえないところの「生命感覚」がうまく表現されていないとする。しかし、障害児としての麻理子がもつ「生命感覚」と健常者として生きる我々の「生命感覚」が異なっているわけではない。また作中に描けていないということでもない。生命感覚とは、人と人、人と動植物・昆虫を含めた自然、人と宇宙、人と超越存在など、世界に存在する森羅万象はすべて一つに繋がっているという感覚である。仏教的に言えば「衆生」という考え方である。それとの関連でコンパッションの重要な側面を指摘すると、「コンパッションとは、知性的なものではなく、森羅万象すべてのもののつながりを知り、理解しようと探究することである」（Fox. M. 1979, p.23）と言えるのである。

　ところで、作品の中で麻理子は猫とかかわり、蜂とかかわり、松葉牡丹とかかわり、そして人とかかわる。これらの描写は麻理子の「生命感覚」の表

現になっている。また批判者による「少女の内部感覚に入りこめていない」との指摘もあるが、それは当初より不可能なことである。作者に唯一残された方法は自らが生み出した麻理子と、すなわち自分自身と、対話を続け、そのかかわりから麻理子を再創造していくしかない。それはこの作品を改訂してということではなく、他の作品の中で表現されれば一読者としては十分なのである。

　作者からの一つの答えがある（灰谷 1984, p.107）。そこで灰谷は子どもの優しさの源泉には、すべての人間を、あるいはすべての生命を対等に見ようとする「生命感覚」がある、と述べている。その生命感覚はコンパッションの視点から言えば「利他主義ではなく、自己への愛と他者への愛が一つになったもの」（Fox, M. 1979, p.33）と表現されるのである。

(6) 批判⑥に対する反証——良心

　良心（conscience）とは生得的なものではない。他者とかかわりながら「倫理で生きる」ことで徐々に自覚される「智慧（ちえ）」である。他者とかかわる際には、その人の正しさ・美しさといった光の部分のみならず、あやまりや醜（みにく）さといった影の部分ともかかわる必要がある。ここまでは、この批判者と同意見である。しかし、「灰谷が麻理子を弱者としてとらえていた」とするところは意見を異にする。先述したように、この作品は麻理子にかかわる人、すなわち母親の視点から構成されている。その証左として灰谷は麻理子のモデルとなった少女とのかかわりを回顧して「かの女に添おうとすれば、かの女の受けている苦しみを、ぼくもまた苦しむという態度が必要だった。かの女のかなしみを共にかなしむことで、かの女に近づくことが許される」（灰谷 1984, p.112）と述べる。

　まさに灰谷のスタンスは、共に苦しみ、悲しみを共有しようとする母親の視点なのである。その時、麻理子を障害者・弱者としてではなく、かけがえのない他者として捉えている。さらに教育者としての灰谷は「教師にとって、子どもを教え導くことが先ではなく、子どもが哀しんでいればその哀しみを、

子どもが涙をこぼしていればその涙を、いっしょに背負うことが必要であって教え導くことはそれからでいい」（灰谷 1987, p.24）と述べている。その行動は良心に裏打ちされていなければならないし、それはコンパッションという姿勢から生まれる。すなわち、そのかかわりは自己満足的な「感傷に浸ることではなく、善きことをなし、慈悲深く行動すること」（Fox, M. 1979, p.4）によって意味が生じるのである。

（7）批判⑦に対する反証——つながりの回復

　この批判者は「麻理子の世界は閉じられていて、現実の社会や人々との関係性が希薄なため、読者には単なる絵空事と受けとめられかねない」と述べているが、閉じられているのは麻理子の世界だろうか、批判者たちの世界だろうか。この点も含めて本項では「アウェアネス」（awareness）という視点から、この作品を考察したいと考えている。

　なお、アウェアネスには、自己覚醒（self-awareness）とスピリチュアリティの覚醒（awareness of spirituality）があるが、両者は車の両輪のように分かちがたく結びついている。自己覚醒とは、自己という存在に目覚めて、どう生きるかを自覚する作用である。またスピリチュアリティの覚醒とは、自己が他者や自然や宇宙や大いなる他者（超越存在）など、あらゆる森羅万象と一体化していること（生命感覚）への気づきである。先述したように、この作品にはスピリチュアリティ（生命感覚）に覚醒した麻理子の姿が描かれている。それは同時に、麻理子の自己覚醒の姿を描いていることにもなるのである。

　アウェアネスとは、論理的に人に伝えられるものではない。また宗教的修行によって得られるのでもない。自己と森羅万象とのつながりを感じ、自己とそれらとの見えない糸を見るということである。言い換えれば、アウェアネスとは、自己の心身の状態や自然界の出来事などをあるがままに受容している状態である。つまり「世界に開かれ、世界とのつながりを回復した自己の姿」である。ありのままの自分でよいのだと思うと、安らぎが生まれ、心

の平安・自由が得られる。善と悪、真と偽、聖と俗、悟と迷などの二分法を超えて、それにとらわれない境地である。このアウェアネスの過程への参入は、コンパッションという生き方を通じて実現されていくと考える。この場合のコンパッションとは「宗教（的教義）ではなく、人の生き方を通じた一つのスピリチュアリティ」（Fox, M. 1979, p.25）への覚醒である、と言えるのである。

Ⅳ．おわりに——まとめにかえて

　本章は、灰谷健次郎『だれも知らない』に対する批判への反証を通じて、教育における「コンパッション」の意味を考察しようとするものであった。

　灰谷はまさに、子どもに寄り添い、静かで暖かなまなざしを子どもに注ぐことから出発し、喜ぶ子どもと共に喜び、泣く子どもと共に泣くという「コンパッション」の姿勢を貫いている。それは読者に、人と人とがかかわり、「共に生きるということ」の意味を再考させる。さらに灰谷（1981, p.129）は「小説の中の想像力とは『他を生きる』ということである。『他につながろうとする意思』でもある。書き手はそれを身につけるためにいのちをけずる思いをする」とも述べている。「他につながろうとする意思」の「他」とは、具体的人間、自然、宇宙、人間を超えた存在を含むと考えられるが、それらとの真摯なかかわりから、自己—他者に真の「信頼関係」が生じる。別の言い方をすれば、各々の人びとは「倫理で生きる」ようになり、智慧を伴った誠の「良心」をもつようになる。

　教育の世界での学習者と教育者のかかわりにおいて、現在最も欠けているのが、この「コンパッション」の視点である。それは「生命感覚の喪失」と表現することもできる。生命感覚とは、この世界に存在する森羅万象はすべて一つにつながっているという感覚である。これを灰谷（1981, p.130）は「『生』に対する洞察と誠実さ」と呼び、それは「能力などではなく、意志を持続させる勇気を持ちさえすれば、だれにでも等しく神から授けられるもの

としてとらえる」と述べている。学習者と教育者がコンパッションをもち、互いに理解しあい、教えあい、学びあい、抉けあい、補いあう時、両者に起こるのは自己創造・自己成長である。それはまた「たゆまない自己変革」（灰谷 1981, p.131）と表現することもできる。

　そのようなプロセスにあって私たちは初めて、学習者・教育者という役割を超えて、一個の人間同士となり、「他を生きる、他につながろうとする意思としての想像力」（灰谷 1981, p.132）を身につけることになる。その想像力（創造力）とは、アウェアネスという視点から「つながりの回復」として表現される。自己と自己とのつながり、自己と他者（大いなる他者も含む）とのつながりの回復である。このアウェアネスの過程への参入は「コンパッション」という生き方を通じて実現されていくと考えられるのである。

【注】

1)「コンパッション」（compassion）という言葉はもともとキリスト教信仰から生まれた言葉だが、本章では、ヒューマン・ケアリング（human caring）の視点から、教育における学習者と教育者のかかわりの諸相において、その中核にある概念として使用する。なお、キリスト教信仰におけるコンパッションの意味とその方向性について、マシュー・フォックス（Matthew Fox）は次のように述べている。「コンパッションとは、すべての被造物（「人間」）は、創造主（「神」）を共通するがゆえに、互いに結ばれているという気づきから生まれる憐れみ深い生き方であると言える。コンパッションをもつということは、その人間に満たされたエネルギーを宇宙のエネルギーに統合し、それを次の二つの課題に対して注ぎこむことである。その二つの課題とは、①善きことをなすことによって、兄弟姉妹である被造物（「他の人間」）の痛みを軽くすること、②全き慈悲である唯一の存在（「神」）からの恩寵として、すべての被造物が共有している時間ならびに空間（つまり「私たち人間が生きる世界」）を祝福することである。コンパッションは、この世界ならびにこの世界を創造した神と、私たちとの近しい関係である。この密接な関係が存在するからこそ、私たちは前を向いて生きていけるのである」（Fox,M. 1979, p.34）。

2)「童心主義」とは、「童心」すなわち子どもの自然で清らかな心を重視するという児童観である。わが国の児童文学史上では、大正期に成立を見ているが、続く昭和期において「童心主義」は、子どもの心の美しい面、善い面、聖なる面だけを絶対化していると批判され、それによって現実の子どもがもつ多面性への視点が失われ、児童観

の悪い意味での神秘化につながったとされた（和田 2001, p.152）。

3)「片手落ち」は現在では差別語であるが、引用に際しては原文にしたがった。

【文献】

Fox, M. (1979) *A spirituality named compassion and the healing of the global village, Humpty Dumpty and us.* New York : Harper Collins Publishers.

藤田のぼる（1983）「だれも知らない」『季刊 児童文学批評』6、75-78。

灰谷健次郎（1981）「想像力が事実をこえるとき」今江祥智・上野瞭・灰谷健次郎（編）『想像力の冒険——わたしの創作作法』理論社、120-132。

灰谷健次郎（1982）『灰谷健次郎と話す』理論社。

灰谷健次郎（1984）『わたしの出会った子どもたち』新潮社。

灰谷健次郎（1987）『全集版 灰谷健次郎の本 第20巻 エッセイ集：2』理論社。

灰谷健次郎（1997）『子どもに教わったこと』角川書店。

灰谷健次郎（1998）「だれも知らない」灰谷健次郎『海になみだはいらない』角川書店、149-159。

灰谷健次郎（1999）『灰谷健次郎の発言〈8〉「いま」を読む』岩波書店。

長谷川潮（1981）「なぜ？ 障害者——児童文学における障害者問題・序説」『日本児童文学』317、6-11。

McNeill, D.P., Morrison,D.A., Nouwen, H.J.M. (1983) *Compassion, a reflection on the christian life.* New York, London, Toronto, Sydney, Auckland : Doubleday.

中村弘行（1988）「『だれも知らない』（灰谷健次郎）をどう読むか——清水真砂子の所論を批判する」『教育と教育思想』8、77-83。

奥田継夫（1981）「弱者・強者とプラス面・マイナス面の関係について」『日本児童文学』311、140-144。

最首悟（1980）「かけがえのない関係を求めて——障害者と児童文学」『子どもの館』84、4-19。

清水真砂子（1984）「『良心』のいきつくところ——灰谷健次郎論」清水真砂子『子どもの本の現在』大和書房、175-205。

竹長吉正（1990）『現代児童文学の課題——灰谷健次郎を軸として』右文書院。

玉田勝郎（1984）『優しさまとめて花いちもんめ——灰谷文学の正しいよみ方』風濤社。

和田典子（2001）「童心主義への批判」鳥越信（編）『はじめて学ぶ日本児童文学史』ミネルヴァ書房、152。

第6章
カウンセラーが如何に生きるか
―― 卓越した心理臨床家・霜山徳爾の生き方を手がかりにして

Ⅰ．はじめに ―― 問題の所在

カウンセラーが如何（いか）に生きるか。カウンセラーになって以来、この問題が頭から離れたことはない。自明の事ながら「カウンセラーが如何に生きるか」という問いは「私が如何に生きるか」という自分自身への問いである。一般的抽象的な意味での「カウンセラー」ではない。

そのような問題を考えていくうちに、その著書を通じてたいへん影響を受けた人物がいる。戦後のわが国の臨床心理学を根底で支え続けていた霜山徳爾（しもやまとくじ）先生（以下、敬称略）である。霜山の生き方を通じた心理臨床観をまとめると、次のようになるだろう。それはまず相手に「畏敬の念」を抱きつつ、「思いやり」をもって相手とかかわることから始まる。この場合の「思いやり」には後述する霜山の共生共苦の生き方から言えばcompassionという英語が当てられるだろう。そして、このようなカウンセラーの生き方そのものには「同行（どうぎょう）」という概念がよく当て嵌（は）まる。

以下、まず霜山徳爾の経歴や生きてきた道を素描した上で、次に「カウンセラーが如何に生きるか」という問いに対してキーワードとなると考えられる「コンパッション」「畏敬の念」そして「同行」という概念について、霜

90 　人間性心理学の展開Ⅱ.「コンパッション」の意味

山徳爾の生き方を基礎において、考察を試みる。

Ⅱ. 霜山徳爾の生き方——共生と共苦

　ここでは『霜山徳爾著作集・全7巻』（1999-2001）をはじめ、霜山（1987・1995・2005）、霜山・片岡・梶田・倉戸（2001）、畑島（2006）などを参照して、特に「共生と共苦」という点に焦点をあてて、霜山徳爾の生きてきた道の素描を試みる。

（1）霜山徳爾略歴

和暦	西暦	年齢	事項（学歴・職歴なども含む）
大正8年	1919年	0歳	東京に生まれる（7月5日）
昭和17年	1942年	23歳	東京大学文学部心理学科卒業、宗教哲学・心理学専攻（9月20日）
昭和20年	1945年	25歳	石坂操子と結婚（3月）
昭和21年	1946年	26歳	旧制 成蹊高等学校教授（2月1日）
昭和21年	1946年	26歳	上智大学講師（4月1日）
昭和23年	1948年	28歳	東京保育専門学校講師（非常勤）理事（4月1日）
昭和24年	1949年	29歳	成蹊大学教授（4月1日）
昭和25年	1950年	30歳	上智大学文学部助教授（4月） 成蹊大学講師兼任（4月、昭和49年3月まで）
昭和26年	1951年	31歳	聖心女子大学講師兼任（4月）
昭和28年 から 昭和30年	1953年 から 1955年	33歳 から 35歳	研究休暇（サバティカル・イヤー）；ボン大学に留学 Ph.D取得（昭和31年9月30日）[Ph.D＝学術博士] 帰国・復職
昭和32年	1957年	37歳	上智大学文学部教授（4月）

昭和40年	1965年	45歳	上智大学文学部教育学科長（4月、昭和50年3月まで）
昭和44年	1969年	49歳	東京藝術大学音楽学部大学院講師兼任（4月、昭和58年3月まで）
昭和50年	1975年	55歳	上智大学文学部長（4月、昭和54年3月まで）
昭和54年	1979年	59歳	上智大学理事就任（人事・労務担当）（4月、昭和60年3月まで）
昭和55年	1980年	60歳	日本女子大学文学部教育学科講師兼任（4月、昭和61年9月まで） 東京医科歯科大学医学部非常勤講師（4月、昭和60年3月まで）
昭和56年	1981年	61歳	上智大学大学院文学研究科教育学専攻主任（4月、昭和60年3月まで）
昭和58年	1983年	63歳	東京藝術大学音楽学部大学院客員教授（4月、昭和62年3月まで）
昭和60年	1985年	65歳	上智大学特別待遇教授（4月）
昭和60年	1985年	65歳	上智大学カウンセリング研究所長およびカウンセリング・センター長（4月、昭和61年3月まで）
平成元年	1989年	69歳	東洋英和女学院大学大学院教授兼任（4月）
平成2年	1990年	70歳	上智大学退職（3月）　上智大学名誉教授（4月）
平成21年	2009年	90歳	他界される（10月6日）

和暦	西暦	年齢	事項（主な著書・翻訳書）
昭和24年	1949年	30歳	カール・アダム『カトリシズムの本質』吾妻書房（翻訳書）
昭和26年	1951年	32歳	ベルンハルト・シュルツェ『ベルジャエフの哲学』理想社（翻訳書）
昭和31年	1956年	37歳	ヴィクトール・フランクル『夜と霧』みすず書房（翻訳書）（後に『フランクル著作集1』に収録）
昭和32年	1957年	38歳	ヴィクトール・フランクル『夜と霧』みすず書房（翻訳書）（後に『フランクル著作集2』に収録）
昭和33年	1958年	39歳	『明日が信じられない』（カッパブックス）光文社
昭和36年	1961年	41歳	ヴィクトール・フランクル『神経症──その理論と治療II』（フランクル著作集5）みすず書房（翻訳書）
昭和46年	1971年	52歳	『人間とその蔭』中央出版社（現・サンパウロ社）
昭和50年	1975年	56歳	『人間の限界』（岩波新書）岩波書店
昭和50年	1975年	56歳	『仮象の世界』思索社
昭和52年	1977年	58歳	『人間へのまなざし』（中公叢書）中央公論社
昭和53年	1978年	59歳	『人間性の心理学』日本放送協会（NHKテレビ大学講座テキスト）
昭和53年	1978年	59歳	『人間の詩と真実』（中公新書）中央公論社（上のテキストの単行本化）
昭和60年	1985年	66歳	『黄昏の精神病理学──マーヤの果てに』産業図書
昭和64年	1989年	70歳	『素足の心理療法』みすず書房
平成2年	1990年	76歳	『おさわがせ さいのライノー』偕成社（霜山徳爾原案、絵本）

平成11年 から 平成13年	1999年 から 2001年	80歳 から 82歳	『霜山徳爾著作集』（全7巻）学樹書院
平成17年	2005年	86歳	『共に生き、共に苦しむ──私の「夜と霧」』河出書房新社

学会および社会における活動等	
昭和30年4月〜昭和62年3月	日本心理学会会員
昭和31年4月〜平成21年10月	日本精神神経学会会員
昭和35年4月〜平成21年10月	日本教育心理学会会員
昭和38年4月〜平成21年10月	日本精神分析学会会員
昭和40年4月〜平成21年10月	日本児童精神医学会会員
昭和43年〜平成21年	日本心身医学会会員
昭和45年〜平成21年	日本犯罪心理学会会員
昭和45年4月〜平成21年10月	日本芸術療法学会会員　国際表現病理学会日本支部副会長
昭和56年4月〜平成21年10月	日本人間性心理学会会員（設立同人）
昭和57年4月〜平成21年10月	日本心理臨床学会会員
昭和41年4月〜昭和43年3月	文部省家庭教育専門委員会委員
昭和43年4月〜昭和47年3月	文部省大学設置審議会大学設置分科会専門委員会委員（教育・保育）
昭和51年4月〜昭和62年3月	法務省司法試験考査委員（心理学担当）
昭和53年4月〜昭和59年3月	文部省大学設置審議会大学設置分科会委員
昭和54年4月〜昭和57年3月	文部省（学術国際局）研究設備分科会委員

（2）霜山徳爾の生きてきた道

【出生から幼少年時代】

　霜山徳爾は大正8（1919）年7月5日、東京に生まれた。父の家系は中国地方にあった池田藩に儒者として仕える身分であったが、明治維新を境に家は没落して、霜山の父親は丁稚奉公に出されるが、成績が優秀なため、ある人の援助を得て、一高・東大と進んで、後に裁判官となった。家族は父母、徳爾、妹の4人であった。

　幼少年時代は東京郊外の家が散在する地域で育った。幼稚園にも行けず、遊び友達もおらず、一人遊びが好きな子どもであった。空気銃で撃たれるなど、ひどいいじめに遭うこともあった。また霜山が数えの5歳の時に関東大震災を東京・東中野で体験している。

【中学生から旧制高校時代】

　中学生になり、2年生の時、小林多喜二の『蟹工船』を読む。これにより霜山は初めて社会的な矛盾や、社会的弱者に眼が開かれ、自分が育った時代に、批判と抵抗を感じた、という。この後、文学や哲学や社会科学などの本の乱読が始まったが、特に愛読したのは三笠書房版のドストエフスキー全集であった。

　旧制高校（成蹊高等学校）時代は一生の友人と言えるような人びとと出会ったが、病弱のため、1年間休学もした。また、この旧制高校時代には「二・二六事件」（昭和11年・1936年）にも遭遇している。

【東京大学時代】

　旧制高校卒業後、東京帝国大学に入学するが、霜山が卒業を約一年後に控えた昭和16（1941）年の12月8日に太平洋戦争が始まり、青年たちをめぐる情勢はにわかに急変した。霜山をはじめ東大の学生たちは、大学図書館で朝早くから夜遅くまで、眼を窪ませて、必死に知識を吸収しようとした。しかし、日本の情勢は日に日に切迫してきて、大学生の卒業は半年繰り上げられ、

第6章 カウンセラーが如何に生きるか　　*95*

さらにその一年後には、学徒動員が始まった。霜山も半年繰上げで東京帝国大学文学部心理学科を昭和17（1942）年9月20日に卒業した。

【海軍時代】

大学を半年繰上げで卒業した後、霜山は海軍兵科予備学生（後に士官）を志願し採用され、実験心理研究部に配属された。そこは、外国の文献もかなりあったが、特に心理学の応用に多忙を極めた。戦時標準船の迷彩、夜間視力の増強訓練、暗号の解読、デマの効果等々、どれをとっても大きな研究であるが、そうこうしているうちに、みるみる米国軍に圧倒され、しだいに国家の悲劇が近づいてきた。

敗戦直前、原爆が広島・長崎に落とされた。広島への原爆投下の三日後、霜山は所用で広島の惨状を見る。真っ黒に炭化した死体に蛆がたかり真っ白に光って見えた。それは、3月に結婚した霜山にとっては戦後の貧窮時代の始まりを予感させられるようなことだった。

【戦後の貧窮時代】

太平洋戦争が終結しても、それまでにも増しての食糧難が襲ってきた。霜山も食糧確保のために郊外に買出しに出かける。しかし、それでは不十分であった。また、旧制高校教授の仕事を得るが、学生自体も飢えていて空腹のために午後になると気分が悪くなる学生が急増した。そのため学校では「食料休暇」を出して、買出しに行かせたほどだった。

ところで、霜山は戦後初めて成蹊高等学校（旧制）の教壇に立って講義をする時に、作業服や航空服のまちまちの服装の学生の間に、まるで幻のごとく、青白い影が座っているのが見えるような気がした。霜山は、それが喪われた善き若人たちであることを知っていた。そして霜山が彼らの犠牲にならず、彼らが霜山の代わりになってくれたのを知らされたのであった。霜山は、すまなさに、教壇の上でほとんど慟哭しそうになった。この幻覚により、霜山は彼らのために祈り、彼らのために働こうと決心するが、自分に厳しい

霜山は、その後の生活も悔恨の多いものだった、と後に述懐している。まさに、その後の霜山の共生共苦の生き方の出発点は、ここにあったと思われる。

戦後、霜山は大学教授の道に進むことを志し、特に臨床心理学を生涯の専攻として選択した。新学制の下に最初は成蹊大学に、そして次に上智大学に移った。上智大学の専任助教授でありながら、心理学と精神医学、心理学と生理学、精神病理学と社会病理学の狭間の領域を研究するために、新設の東京医科歯科大学に非常勤講師として勤務することとなった。霜山は医科歯科大学の神経科で仕事をしているうちに、自分にできそうな仕事を見つけて懸命に治療に励んだ。その一つは、ある労災病院で行う災害神経症の治療であった。

労災病院であるから、当然、頭部や頸部の外傷を取り扱うのであるが、暫くすれば治療が進んで、頭部の外傷は治癒していくはずなのに、いつまでも頭痛、発熱、運動麻痺が残る患者がいた。医師はもちろん詐病を疑うわけであるが、発熱、頭痛が主観的には存在し、しかしどう見ても客観性があり得ないにもかかわらず、それは実際に発熱、頭痛を伴うのである。これは労働者にとって、症状が実際に存在すれば、一定の年金、手当てなどがもらえることを無意識的前提にしている。しかし、その年金たるや極めて僅かのものであり、家庭は貧窮を極めるのであった。労働者も早くよくなって、再び全力で働きたいと心から願うのであるが、年金の存在が却って妨げになっているのであった。かといって年金の存在はありがたいという気持ちもある。ここで神経科の出番となるのであった。

また神経科の出番は頸椎損傷が少なくなかったことにもあった。当時（戦後復興期）は、このような事故が頻発した。患者は沖仲仕（港湾労働者）のような仕事の人が大部分であった。荷物の揚げ降ろしにリフトやクレーンを充分に使えない時代であり、人力による危険な重労働のため、嘔吐するものが少なくなく、患者の滑落による頸椎のさまざまな損傷も多かった。当時の医学のレベルでは、治療はほとんど不可能なことが多く、患者は身動きもできず、しだいに衰弱していった。施す治療の方法も少なかった。彼らの余命

は、食糧難の時代であったこともあり、3カ月から半年くらいであった。霜山は、治療の物理的方法はなくても、彼らの語ることに耳を傾け、慰め、励ます人間は必要であると確信していた。

そうして、霜山は、神経学的には異常がないはずなのに、労災保険があるために症状の取れないノイローゼ患者の治療がすむと、午後の長い時間を頚椎損傷患者のために費やした。彼らは元は農民で、例えば東北の果てのにんにく作りだけの農村などから、川崎の工場に声をかけられて、東京に来た人たちが多かった。職種は農業と関係なく、港湾作業は初めての人たちであったが、どうやら会社はわざと重労働用のすれていない労働者を欲していたようであった。したがって邪推すれば、けが人も多く出ることは予想された。彼らは東北訛りの、口は重いが、しかし誠実な人間であった。それがとんだ怪我で、しかもあまりよくない予後を、なんとなく察して、焦っていた。

霜山は、にこやかにまず自分の名を告げ、彼らの名を尋ね、こちらに来る日には、午後をいくらでも時間を割けることを告げると、無理にでも引きとめようとする態度がなくなり、打ち解け始め、自分の家庭や田舎のこと、このたびの災難のことなどを、思い口を開いて、心のうちを語るようになった。霜山が低いイスに腰掛け、目線を低くし、知る限りの東北の方言や、間投詞を使っているうちに、彼らの心から遠慮というものがなくなった。

彼らは絶望的な状況にあるということを何となく知ってしまった患者で、それだけいっそう、会話というもの、心と心をつなぐもの、を求めていた。夕方になって霜山が帰ろうとすると、彼らは何のかんのと嫌がり、「今度はいつ来るのか」、と次の面接の約束をさせるのであった。霜山は人に待たれるということを、これほど重く感じたことはなかった。しかし、霜山は次々と彼らを死の世界に送るという悲痛な体験を重ねるしかなかったのである。

【留学生活】

霜山の言葉では上の患者さんたちを「裏切り」、西ドイツ、ボン大学への留学をしたことは、その行為によって霜山を長く苦しめていたという。本来

留学ということは大学教員にとって職務の一部であり、何ら負い目を感じる
必要もないことなのだが、共生共苦の生き方に目覚めていた霜山にとって、
苦しみのどん底にあり、やがて死んでいく患者さんを日本にのこして自分だ
けが晴れがましい留学生への道を選ぶことは断腸の思いだった。

　一方、留学中は文字通り身を粉にして研究を続けた。ボン大学（医学部・
文学部）では、ジークフリート・ベーン、ハンス・グルーレ、テオドール・
リットなど、わが国でもよく知られている教授を訪ね、主に精神病理学を学
んだ。なお、後に霜山が翻訳することになる自らの収容所体験を綴った壮絶
な体験記録である『夜と霧』の著者・ヴィクトール・フランクルのウィーン
の自宅を訪ねたのも、この留学中である。また、そのうちにボン大学から2
年間の留学期間を臨時の非常勤講師として働いてくれないかという申し出が
あり、厳しい経済状態もあり、霜山は了承する。そして博士論文の作成に夢
中で取り組んでいく。後に博士号を授与される研究のテーマは「ヨーロッパ
の宗教芸術表現と東洋のそれとの或る心理学的比較について」であった。

【帰国後】

　約3年間の留学生活を終え、昭和30（1955）年に帰国した霜山德爾は、その
後の約55年において、共生共苦の思想をきちんと懐に抱きながら生き、霜
山独自の現象学的心理学・人間学的心理学を構築していく。そのスケールの
大きさは「霜山人間学」とでも呼べるような深みと広がりがある。

　しかし、そのような研究者としての学問的な業績のみならず、教育者とし
ては誠実な心理臨床家をたくさん育て、また自身心理臨床家としてはいつも
限りなく真摯に相談者と向き合い、研究者としても、教育者としても、心理
臨床家としても、共生共苦の生き方を貫いている点が、「ひとりの人」とし
て傑出している。

　それを可能にしているのは、霜山の信仰（カトリックのクリスチャン）で
あると思われるが、最も大きな要因として、自分の代わりに死んでいったと
霜山が考える無数の戦没者や、戦後霜山がかかわった明日をもしれぬ頚椎損

傷の重病患者の中に、人間を超えた大いなる存在、すなわち「神」を見いだしたからではないだろうか。クリスチャンであることを普段あまり語らない霜山徳爾の姿から逆に、敬虔な信仰者としての霜山徳爾の姿が浮かび上がってくるのである。

Ⅲ. カウンセラーの生き方について
——コンパッションと畏敬の念、そして同行

　霜山（1987）の「若い心理臨床家へ」と副題が付された論文「心理臨床の『生きられた時間』」において、次のようなカウンセラーの生き方に関して示唆に富んだ指摘がある。「心理臨床（カウンセリング——引用者、以下同じ）にとって重要なのは、教養というのは知識を多く持っていることではなくて、その人がどれだけ思いやりのある人間であるか、ということである。心理療法（カウンセリング）というのはその上に立っての謙虚さと畏敬の作業である。畏敬とは人間性そのものに対するそれである」（p.4）。

　まず教養という言葉だが、霜山（2000, p.40）でも指摘されているようにゲーテの『親和力』における「自分を打ち明けたいと思うことは、人間の自然である。打ち明けられたことを、そのまま受け入れることが、人間の教養である」（ゲーテ 1997, p.251）という場合の「教養」である。そのままを受け容れる、すなわち「受容」（acceptance）であるが、それは「畏敬の念」を抱きつつ「思いやり」をもって人とかかわることから始まる。この場合の「思いやり」には霜山の共生共苦の生き方から言えばcompassionという英語が当てられるだろう。そして、このようなカウンセラーの生き方そのものには「同行」という概念がよく当て嵌まる。以下、「コンパッション」「畏敬の念」そして「同行」について考察を試みる。

（1）コンパッション

コンパッションとは、一般には「思いやり」、宗教界では「憐れみ」と翻訳されている言葉だが、神学者で司祭であったH.J.M. ナウエン（Henri J.M. Nouwen）によって次のようにさらに明確に解説されている。「コンパッションという言葉は、ラテン語のpati（苦しみに耐える）とcum（共に）からなり、この2語を組み合わせて『共に苦しみに耐える』ことを意味する。コンパッションは、何者かが傷ついている状況へと赴かせ、痛みを負っている他者の立場へと入っていかせ、失意や恐怖、混乱や苦悩を他者と分かち合うようにさせる。コンパッションは、悲惨の渦中にある人と共に声を出して一緒に泣いたり、孤独に苦しむ人と共に一緒に悲しみを共有したり、咽び泣く人と共に涙を流すことを私たちに促す。それはまた、弱い人と共に弱くなり、傷ついた人と共に傷つき、無力な人と共に無力になることを要求する。コンパッションは人間存在の本質に完全に浸りきることを意味する」（McNeill, D.P., Morrison,D.A., Nouwen, H.J.M. 1983, p.4）。

この引用から考察できるのは霜山が主張する「共生共苦の生き方」とは「コンパッションという姿勢から生ずる生き方」と同種のものであるということである。さらに「共生共苦の生き方」「コンパッションという姿勢から生ずる生き方」とは、究極的にはイエス＝キリストの生き方であるとも指摘できる。このことに関してJohnson, P.E.（1967, pp.15-17）は次のように述べている。

英語版新約聖書においては、常に悩める者の傍にいる救世主イエス＝キリストをカウンセラー（Counselor）という言葉で表現している（ヨハネによる福音書 第14章16節26節、第15章26節、第16章7節）。当時のギリシャ語では、カウンセラーという言葉は、擁護者、弁護人、あるいは仲裁者といった意味で使われており、カウンセラーの役割は「力になる」「相談を受ける」「裁判にかけられた人のとりなしをする」ことであった。したがって、イエス＝キリストは、神がこの地上に遣わされたカウンセラーであり、人間のために神に申し開きをなし、神の赦しを請うたのである。つまり、わ

れわれ人間が苦しみ悩んでいる時に、そばについていて、共にその痛みを味わい、われわれの気持ちと苦境を察し、他の人たちがわれわれを裏切り棄て去る時にも、常に味方となってくれる人なのである。

さらに言えば、com（共に）passion（苦しみに耐える）のpassionという言葉は、イエス＝キリストの磔刑（磔による処刑）をも意味していることを指摘できる。罪なき者イエス＝キリストが、われわれすべての罪を背負って死んでいく、罪なき者が罪を背負うゆえ真に罪が贖われる、という逆説、それが贖罪思想の骨子である。罪なき者が罪を背負う状況、これはカウンセリングにおけるクライエントの中にも、またそれ以外でも見られる時がある。例えば「彼らは代わってくださったのだ」とハンセン氏病患者と正面から向き合った精神科医・神谷美恵子は言った。

また霜山（1987）では、神谷美恵子が感じたような「負い目」や、中村草田男の俳句にある「許し給はれ」というハンセン氏病患者への心の叫び、「罪障感」は、本来、論理的には感じる必要のないものである。にもかかわらず、ハンセン氏病患者など、限界状況に置かれた人びとに対しては「赦してください」という言葉が自然と漏れる。運の貧しさに逢い、モイラ（運命）に打たれたそれらの人びとに対する共苦（compassion）から内面的に「赦してください」という言葉が迸り出る。そして、これは共に人間であることへの治療者（カウンセラー）のひたすらな「祈り」にも似た気持ちである、と霜山は言う。

このカウンセラーの「祈り」に関して、精神分析家の土居健郎（1992）は次のように述べている。「一体精神科医としての私（＝土居）の信仰とはなにか。それは私の前で患者が見せる暗い面をことごとく照らしだすことに存する。……（中略）……患者の孤独は私たちを孤独にし、患者の絶望は私たちをも絶望的にする。この意味で患者と接する者はつねに精神の危険を冒す。しかし、危険に負けてしまっては患者の暗い面を照らし出すことも不可能となるのではないか。照らし出すためには光が必要である。……（中略）……患者を照らしだす光が存在すると信ずるところに私の隠れた信仰があり、ま

た私の信ずる光によって患者を照らしだすところに私の隠れた祈りも働くということである。実際このような信仰と祈りなくしてどうして患者の真実に立ち向かうことができよう」（pp.23-24）。

この「隠れた祈り」や「隠れた信仰」を支えるのが、コンパッション＝共苦の姿勢から 迸り出る「赦してください」という言葉であり、あくまでも被造物としてのカウンセラーは「光」そのものを創り出すことはできないが、カウンセラーの徹底してコンパッショネイトな生き方により、患者（クライエント）の暗い面を照らし出す恩寵としての「光」を、クライエントである彼ら自身が、またカウンセラーである我々自身が「大いなるもの」から直接に享け取ることにつながるのだと考えられる。

(2) 畏敬の念

霜山（1987）も指摘するように、ゲーテは『ヴィルヘルム・マイスターの遍歴時代』の中で、「畏敬の念」を基調とする彼の教育理念を次のように作中人物に語らせている（ゲーテ 2002, pp.16-23）。

一個の人間であるために最も重要なものではあるが、誰も生まれ持って来ることができないし、またすべての人に欠けているものは「畏敬」である。この畏敬には3種類ある。第1には、我々の上にあるものに対する畏敬である。この場合の「我々の上にあるもの」とは、天や神のことであり、これに基づく宗教は種族的宗教であり、それはすべての民族のものである。第2には、我々と同等なものに対する畏敬である。この場合の「我々と同等なもの」とは、仲間や人類全体であり、これに基づく宗教は哲学的宗教であり、聖者たちのすなわち高度に善き人びと、賢なる人びとの霊化された共同体のものである。第3には、我々の下にあるものに対する畏敬である。この場合の「我々の下にあるもの」とは大地や世俗であり、これに基づく宗教はキリスト教である。それは苦悩と戦い苦悩によって聖化された人たちのものであり、低劣・貧困・嘲笑・軽視・汚辱・悲惨・苦悩・死をも神的なものと認める。

これら3つの畏敬から、最高の畏敬、すなわち、自己自身に対する畏敬が

生じる。そして、3つの畏敬は、また、この自己自身に対する畏敬から展開する。その結果、人間は、達しうる最高のものに達し、自己自身を神と自然のもたらした最高のものとみなすことができ、自惚れと利己心によってまた卑俗なものに引き込まれることなく、この高みに留まることができるのである、とゲーテは語る。

「カウンセラーの自分自身への畏敬」は、心理臨床の場では患者（クライエント）もその中に含むより大きな畏敬の念へと包摂される。このことに関して霜山（2000, pp.257-258）では、心理療法（カウンセリング）の進展が可能になるためには「患者（クライエント）が一つの独自の世界であり、山や海や風や星々、それに草木虫魚の『生きられた』空間のなかにある、何ものにも代えがたいものとして、それに根源的信頼をよせることである。そしてそれを前提として畏敬が生れる。畏敬は欺かれることがあるかもしれないが、買収されることはなく、どんな批判に対しても眼をつぶらない。畏敬は人間の厳然たる限界を確信するところに基づく。この限界に到達して、残照の地平から別なものが視野にあらわれる時、畏敬の念が生じてくる。患者もそのなかに入る」と述べている。

（3）同行

伊藤（1995）は次のような図（図１）を示してカウンセリングにおける「同行」という概念の説明を試みている。

カウンセリングではクライエントＢが何に悩み、苦しみ、どのような自己へと自らを創造しようとしているのかに注目する。そしてカウンセラーＡは、面接によって表現されてくるクライエントＢの内面的世界に共感し、それを受容する。その際、カウンセラーＡもクライエントＢとのラポール（rapport）に配慮しながら、自らを開いていく。この場合のラポールとは、カウンセラーとクライエントの間に暖かい感情の交流があり、①両者共にうちとけて、自由に振舞える安心感を持ち、②相手に対する尊敬と信頼の念を抱き、③感情や意思の自由な交流・理解が可能であるような状態（有田

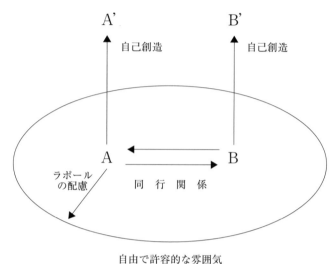

図1　同行関係と自己創造（伊藤 1995）

1993, p.224）を言う。

　そして同行とは「どうぎょう」と発音し、AもBも（さらにはCもDも…）同じ地平線上に立ち、お互いが肩を組み合い、教わり合い、育ち合いながら、人生を歩み続けることを意味するが、その際、カウンセラーはクライエントの「今ここで生き続けていること」そのこと（存在）に絶対的価値を認める。言い換えれば、その人はその人として、ありのままをそのままに精一杯生きていることがすべてであり、そのことが真実だ、ということになる。つまり、同行（あるいは同行関係）とは「互いに主観を開示し合い、真理に向かって人生修行を積み重ねていくこと」（伊藤 1998, p.63）なのである。

　なお、この場合の主観とは、クライエント・カウンセラーそれぞれの、その人なりの意味づけをもった「喜び（歓び）・怒り・悲しみ（哀しみ）・楽しみ・苦しみ・迷い・戸惑い・焦り・憤り・不安・葛藤・希望・願望・意図・意思」などの内的世界のことを指す。

　この「同行の姿勢」を基本として、クライエントとカウンセラーの人格的交

わりを可能にする「出会いの空間」を両者が共に創り上げていく時、その人格的交わりの深まりにつれて、クライエント、そして無論カウンセラーも、日常生活における自律性や現実性を回復させる。このことを霜山（1999）は「心を病む人（クライエント）はまさに治療者（カウンセラー）との人間的な出会いの中に新しいものの考え方や自分の生き方のゆがみを会得するのであって、そこには治療者自身（カウンセラー自身）をも揺り動かし、その邂逅によって新しい人間関係がつくられる力強い『人間と人間のふれ会い』がなければ、単なる技法だけでは役に立たない」（p.232）という言葉で強調している。このような「出会いの体験」こそ、苦しみ多きクライエントや、それに同行する私たちカウンセラーにも、明日を生きる希望を与え、おぼろげながらも「生きがい」なるものを両者にもたらす可能性があることが示唆される。

　ただしそのような関係を築いていっても、霜山（1987）によれば「心理臨床家（カウンセラー）の人生の黄昏はやがて苦海に沈むのであって、決して浄土へとつながらず、従ってかつて地上で出会った狂気の人びととの再会が不可能なのは、この上なく哀しい」（p.5）のである。しかし、「永遠の平安の内に、絶えざる光に照らされている彼ら（患者・クライエント）の姿を想像することは大きななぐさめである」（p.5）ことも確かである。ここに霜山徳爾の同行の姿勢を基本とした、共に生き・共に苦しむ「共生共苦の思想」の真髄を見ることができる。

Ⅳ．おわりに——まとめにかえて

　カトリックのクリスチャンである霜山は、「あの世で真っ先に救われるのはこの世で苦難を背負っていた患者（クライエント）たちであり、自分は苦海に沈むのだ」と言っている。それでは霜山は、なぜ苦海に沈むのか。クリスチャンは「この世で善行を施したのになぜ」とは問わない。逆に「自分は本当にこの世で善行を行っていたのか。また万が一行っていたとしても、その善行を誇ってはいけないし、善意の暴力ではなかったか。むしろ罪深き身

を省みよ」というのがクリスチャンとしての生き方である。イエス=キリストは「罪ある者も天国に行ける」と説いた。

　しかし、それにもかかわらずコンパッションという言葉を深く理解し、罪深き身をさらに自覚した霜山德爾は「自分は天国には行けない。最後まで罪を背負って苦海に沈む」と言っているのである。これが霜山德爾の人生における患者（クライエント）との同行関係を基礎にもつ「隠れた信仰」であることは想像に難くない。もっと言えば、この徹底した「共生共苦」の思想に裏打ちされた「隠れた祈り」があるからこそ、霜山德爾は卓越した心理臨床家であり続けられた、否、亡くなった今でもあり続けているのである。

【参考文献】

有田八州穂（1993）「ラポール」小林司（編）『カウンセリング事典』新曜社、224-225。

土居健郎（1992）『信仰と甘え』（増補版）春秋社。

ゲーテ（1997）『親和力』（柴田翔訳）講談社。

ゲーテ（2002）『ヴィルヘルム・マイスターの遍歴時代（中）』（山崎章甫訳）岩波書店。

畑島喜久生（2006）『霜山德爾の世界——ある心理学者にかんする私的考察』学樹書院。

伊藤隆二（1995）「臨床教育心理学の方法論的考察」『東洋大学文学部紀要』48、49-81。

伊藤隆二（1998）「事例研究による教育心理学の再構築—範例中の典型を主軸として」『東洋大学文学部紀要』51、43-67。

Johnson, P.E. (1967) *Person and counselor.* Nashville, NewYork : Abingdon Press.

McNeill, D.P., Morrison, D.A., Nouwen, H.J.M. (1983)　*Compassion, a reflection on the christian life.* New York, London, Toronto, Sydney, Auckland : Doubleday.

霜山德爾（1987）「心理臨床の『生きられた時間』——若い心理臨床家へ」『心理臨床学研究』4（2）、1-6。

霜山德爾（1995）「『見えざりし沙羅の木の花』（鴎外）——人間性心理学に寄せて」『人間性心理学研究』13（1）、1-7。

霜山德爾（1999-2001）『霜山德爾著作集』（全7巻）学樹書院。

霜山德爾（1999）『明日が信じられない』（霜山德爾著作集1）学樹書院。

霜山德爾（2000）『多愁多恨亦悠悠』（霜山德爾著作集6）学樹書院。

霜山德爾（2005）『共に生き、共に苦しむ——私の「夜と霧」』河出書房新社。

霜山德爾・片岡千鶴子・梶田叡一・倉戸ヨシヤ（2001）「21世紀の教育と人間性」『人間性心理学研究』19（1）、45-68。

人間性心理学の展開Ⅲ.「生きがいの心理学」を目指して

第7章

神谷美恵子の「生きがい研究」、その契機と過程

I. はじめに——問題の所在

　神谷美恵子の『生きがいについて』(1966［1980］)[1]を読むと、哲学・宗教・文学・精神医学・心理学・社会学などの分野の先人の卓見が多様に引用されつつ、難病患者や死刑囚、学徒兵など、いわゆる「限界状況」にある人間の心のあり方が明晰に分析されていて、神谷の博学と広い視野に感服させられる。しかし、その一方で後に神谷(1974a［1980］)が「客観的であることを第一の念願としたため単なる分析や整理に終わったきらいがあるらしい」(p.10)と語っているように、「生きがい」というテーマに対しての「神谷自身」が見えてこないという印象も受けた。

　私(=筆者)はこの疑問を抱きつつ、その他の神谷の著作を読んでいった。そうしたところ、『生きがいについて』の底流には二つの主題があることがだんだんはっきりしてきた。その一つは、この著作は神谷自身の「生きがい」を語ったものでもあること。もう一つは神谷が精神科医として勤務した国立療養所長島愛生園の癩病患者[2]とのかかわりを「生きがい」という観点から整理したものでもある、ということである。

　一方、先行研究[3]を概観すると、部分的には触れられているものもあるが、

第7章　神谷美恵子の「生きがい研究」、その契機と過程　*109*

神谷美恵子が、どのようなきっかけや背景から「生きがい研究」を志向するようになったか、また神谷の「生きがい研究」そのものの過程と意義について、神谷や実際に神谷と接した人びとの視点にたって詳述したものは少ない。そこで本章では、神谷の生きがい研究の契機となった青年時代の「結核療養体験」「変革体験」さらに「癩者との出会い」に注目しながら、その過程を概観し、先行研究では不十分であったと思われる「神谷にとっての生きがい研究の意味」を考察したい。

Ⅱ. 神谷の結核療養体験

　神谷の65年の生涯で一貫して彼女を苦しめたのは「病苦」である。神谷は誕生後すぐに大病を患い（おそらく病弱に生まれついたことを指すのだろう）、20歳代には結核、40歳代には子宮癌、60歳代には一過性脳虚血性発作（TIA=Transient Ischemic Attack）に襲われている。そして1979（昭和54）年、神谷65歳の時、TIAで3度目の入院の一時帰宅中に心不全発作を起こし、神谷は急逝している（江尻 1995, pp.224-231）。このうち、20歳代の「結核」の時の2度の療養生活に注目してみたい。

　神谷の「肺結核」の最初の発病は1935（昭和10）年、神谷21歳の時であり、ちょうど津田英学塾本科を卒業した頃である。その後、いったんは治癒したかに見えたものの、数か月後に再発し（23歳の時に「人工気胸術」を受け、完全に治癒するまで）再び神谷は療養生活に入る。

　この間、神谷は担当医の入院治療の誘いを断って、山で転地療養することを希望している。その理由は一人で「山ごもり」をして「死ぬ前に人類が書いた偉大な書物をなるべく読んでおきたい」（神谷 1980［1980, p.84］）ということだった。後に神谷（1979a［1981, pp.256-258］）は、この体験を「読書療法」と呼んだが、この2度にわたる結核療養での読書体験には2段階あったと述懐している。

　最初の療養時の読書は病める自分を忘れるための「死からの逃避」という

意味合いが強かった。また「英語科高等教員検定試験」の試験勉強としての
側面もあった。したがってあまり死への悲壮感はなかった。神谷はそれらに
熱中することで死への恐怖を乗り越えられたと感じたのだろう。しかし2度
目の療養の時の読書は死を考えるため、「死にそなえるための読書」であっ
た、という。新約聖書（ギリシャ語）をはじめ、プラトン『国家』（ギリ
シャ語）、ヒルティ『幸福論』『眠られぬ夜のために』（ドイツ語）、ダンテ
『神曲』（イタリア語）、そして後の神谷に大きな影響を与えるマルクス・ア
ウレーリウス『自省録』（ギリシャ語）などの著書を原典で読破している。

　確かに、この時代の結核は死の病であり、神谷も死を覚悟して、「山ごも
り」は「『死への準備』のような面があった」（神谷 1974a［1980, p.128]）と
後に述懐している。そして「二階にじっとねたまま、本台にぶらさげた書を
読む日々」は「かさこそと鳴る枯草の音がそのまま人の足音にきこえ、カラ
スの鳴く声が人の声のようになつかしく思われた」（p.128）。また別の文章
（神谷 1980［1980]）では「時には人恋しさから、窓辺にくるカラスの声が
人の声のように思えて、カラスと話をしたことさえある」（p.87）と述べら
れており、神谷の死を直面した孤独がよく伝わってくる。

　しかし、熱が下がり、散歩ができるようになった時、大自然の美しさに触
れ、自分もその自然の中の一部だと実感できるようになった頃より、「苦し
かった過去も、茫漠たる未来も、現在という一瞬の永遠性に凝縮されてしま
う」（p.86）、さらに「人は人間を超えたものに　支えられている」（p.87）と
いう意識が神谷に湧き上がってくる。

　一方、このように遅しく病苦を克服していこうとする姿の影に、神谷の
もう一つの心の姿があった。それは「もうすぐ死ぬのはいいとしても、今、
家族に迷惑をかけている、役立たずの存在になってしまった」（神谷 1979b
［1981, p.224]）という意識であった。神谷はこの意識を体験したため、癩患
者の「発病時の思いとその後の疎外感」（p.223）が少しでも理解できる気が
すると言うが、この時点では自分は他者に迷惑をかけている、「穀つぶしで、
生きている資格がないのではないか」（神谷 1971a［1981, p.41]）とまで思い

つめる。

　そのような時出会ったのが、前述のマルクス・アウレーリウスの『自省録』であり、それは神谷にとって「生きがいの基礎の発見」であった。そこから得られたことは「何よりも宇宙的にものを考えることを教えてくれたこと。また悲しみや苦しみは外から来る事象を、自分がそのようにとらえるから悲しみや苦しみになるのであって、外のものはそれ自体悲しみでも苦しみでもなく、よいことでも悪いことでもない」（神谷 1979b ［1981, p.226］）という事であり、さらに神谷に「自分の生存理由も宇宙の配列に任せよう、という心境」（p.226）がもたらされた。

　しかし、そのような「受動性」により人間は「生かされている自分」を実感するのであろうが、それをもっと押し進めると、意識の上でのポジ（生かされている自分）とネガ（生きている自分）との逆転が起こり、自律的に「他ならぬこの自分が今、ここで生きているのだ」という意識も起こってくる。したがって、マルクス・アウレーリウスの主張が神谷の「生きがい」の基礎に大きな示唆を与えたのであろう。

　以上のように神谷の結核療養体験には積極的に病気を克服しようと「死へ挑戦した側面」と、自分は生きていても仕方がないと「絶望の淵に落ちそうになった側面」があるが、その両者は表裏一体であり、両者は後の『生きがいについて』執筆の強力な動機づけの一つになっている。

　『生きがいについて』（神谷 1966 ［1980]）では人間の生存の根底には釈尊の言う四苦、すなわち「生老病死」があり、それが生きがいを奪い去ることがある、と述べられている （p.94）。そして、そのような生きがいが奪い去られるような状況をヤスパース（Jaspers, K. 1954 ）の言葉を借り、「限界状況」（Grenzsituation）と呼び、「限界状況下にある人間は、もはや文化や教養や社会的役割などの衣をまとった存在ではなく、何もかももぎとられた素裸の『ひと』にすぎない」（p.96）と言う。

　この一連の考察を思弁的に構成されたものではなく、上述の神谷の実体験から抽出されたものであると考えると、神谷の限界状況における人間の生き

112 人間性心理学の展開Ⅲ.「生きがいの心理学」を目指して

がいについての諸説の説得力が増すのである（高島 1997）。

Ⅲ. 神谷の変革体験

　前節でも触れたが、神谷が結核療養中読んだ本の中には後に神谷自身が翻訳し1956年に岩波書店から出版されることになるマルクス・アウレーリウスの『自省録』があった。神谷は、この著作に深く共感し、「この（本の──引用者、以下同じ）中で皇帝（＝マルクス・アウレーリウス）は自己に語りかけているのだが、ふしぎなことに、それがそのまま私（＝神谷）に語りかけているような思いがした。かつて悩みのどん底にいるときに経験した一種の『変革体験』ともいうべきものの意味をここで初めて明らかにしてもらっているという感じである」（神谷 1980［1980, p.89］）と思ったという。

　この変革体験は、おそらく結核発病の2年程前に経験されたと思われる（江尻 1995 pp.76-77）。この頃ちょうど神谷は初めて癩患者と出会う（1933年・昭和8年・神谷19歳の時）のだが、子ども時代から自身の内面に深く入り込んで思索する傾向のあった神谷は当然の如く青年期においても「自己」という問題に悩んでいた。そのような時「変革体験」を経験しているのであるが、当然、それまでの神谷の生育歴、特に父母からの有形無形の影響もあった。

　父・前田多門は、類稀な行動力を持つ反面、孤独を好み、内省的な性格でもあった。この父から性格面の影響を神谷は受け、その性格を引き継いでいる。また母・房子は一生をキリスト教信仰に生きた人であり、神谷はその宗教面からの影響も大きく受けている（太田雄三 2001, pp.25-34）。この母の信仰とは、キリスト教の一派であるクエーカー教徒として生きることであって、江尻（1995, p.55）の解説によれば、クエーカーとは「17世紀中頃にイギリスでジョージ＝フォックスが創設したキリスト教プロテスタントの一派。フレンド派と称するが、人はその内心に神から直接啓示を受け得る、つまり『内なる光』を受けると説く。この派の信者が礼拝する時霊感を感じる

第7章　神谷美恵子の「生きがい研究」、その契機と過程　*113*

あまりふるえたので『クエーカー（ふるえる人）』と呼ばれるようになった」とある。つまりクエーカー教徒は、人間を超えた絶対存在（信仰がある人びとにとってはそれを「神」と呼ぶ）との「出会い」、神谷の表現では「変革体験」を重視する一派なのである（高原1987、高島2000）。

　一方、神谷の変革体験については『生きがいについて』の中で、「或る日本女性の手記」として次のように紹介されている（江尻1995, p.75）。

　「何日も何日も悲しみと絶望にうちひしがれ、前途はどこまで行っても真暗な袋小路としかみえず、発狂か自殺か、この二つしか私の行きつく道はないと思いつづけていたときでした。突然、ひとりうなだれている私の視野を、ななめ右上からさっといなずまのようなまぶしい光が横切りました。と同時に私の心は、根底から烈しいよろこびにつきあげられ、自分でもふしぎな凱歌のことばを口走っているのでした。『いったい何が、だれが、私にこんなことを言わせるのだろう』という疑問が、すぐそのあとから頭に浮かびました。それほどこの出来事は自分にも唐突で、わけのわからないことでした。ただたしかなのは、その時はじめて私は長かった悩みの泥沼の中から、しゃんと頭をあげる力と希望を得たのでした。それが次第に新しい生へと立ち直っていく出発点となったのでした」（神谷1966［1980, p.245］）。

　文中の「光の体験」は、結核治癒後に留学のため渡米している際に母の勧めで1939（昭和14）年の2月から6月まで滞在したクエーカー教徒の学寮ペンドン・ヒルでも体験されている。それは毎朝行われる沈黙礼拝で起こったのだが、後に神谷（1980［1980］）は次のように記している。

　「クェーカーでは好んで『内なる光』ということを重視する。つまり、すべての人間の心の中に神的なものがある、という考えである。この光ということは、私がかつて絶望のどん底から救われたあのふしぎな光（つまり前述の変革体験の時に見た光）と同類のものとしか思われなかった。その光の性質や内容が人によって異なるのも当然と思った。従って毎朝の礼拝時の三十分間、私は身じろぎもせず、あのふしぎな体験を再体験していた」（p.111）。そして後に生涯の友となる浦口真佐にその体験をこう語っている。「あのね、

何だかこう高い高いきれいな処に持ちあげられて行くみたいで、まぶしいようなのよ。そしてうれしくてたまらなくなるの。三十分間が終わってアナ（ペンドン・ヒルの寮長夫人）が身動きを始め、皆がざわざわし出すとき、いつも急に下界にずしんと降ろされるような感じで、少しふらふらしてしまうの」（p.111）。

　神谷は『生きがいについて』（1966［1980］）の中で変革体験は「ひとが人生の意味や生きがいについて、深い苦悩におちこみ、血みどろな探求をつづけ、それがどうにもならないどんづまりにまで行ったときにはじめておこる」（p.236）と述べている。

　それでは、神谷の「どん底体験」とは如何なるものであったのだろう。

　結核療養で死と対峙した経験は、それこそ「どん底体験」と言えるだろう。しかし神谷が変革体験を経験したのが上述の2回だけでなく、1933（昭和8）年前後から1939（昭和14）年以降頃まで複数回あったとすると、もう少し広いスパンで、このことを考えなければならない（柿木1998）。

　神谷美恵子の生涯を描いたノンフィクション作家の宮原安春（1997, p.90）は、この辺りの事情を次のように考察している。神谷にとっての「絶望のどん底」とは年代をおって考えると「十九歳（1933年・昭和8年）のときに、死と向かいあっているハンセン病患者を見て、彼らのために働きたいと願った。そして、精神的な形で婚約した男性の死［この男性は宮原（1997, pp.69-71）によれば、おそらく野村胡堂の長男・一彦氏。腎臓結核に倒れた一彦氏の死の床で美恵子は婚約するが、1934年・昭和9年に一彦氏死去；野村2003、太田愛人2003］、そして自ら結核になって2度にわたって死を宣告された（1935年・昭和10年－1937年・昭和12年）」一連の期間を指すことになる（太田雄三2001, pp.63-99）。さらにつけ加えるならば、アメリカに留学するものの、父・前田多門の反対で医学の道へ進むことが閉ざされていた1939年・昭和14年5月頃までが神谷にとっての「どん底体験」だったとも考えられる（太田2001, pp.101-141）。

　それでは神谷は以上のような自身の「どん底体験」「変革体験」を経て何

第7章　神谷美恵子の「生きがい研究」、その契機と過程　*115*

を発見したのだろう。それは次のように大きく3つにまとめられる（神谷
1966［1980］）。

第1に、変革体験は人間誰しもが持つ、心の底に潜在化されて存在する
「生きがいの源泉」「自己が生存する理由」を賦活する。つまり「変革体験を
経ると人格がめざましく変わったようにみえるが……（中略）……新しく表
面にあらわれてきたものは以前から人格の内部にひそんでいたもの」（p.236）
なのである。

第2に、変革体験は「人間を超えたもの」「大いなる他者」さらには「真
の自己」との出会いであること。その時、「心の姿勢は完全に前向きとなり、
自己の存在意義はもとより、宇宙から人間の社会に至るまですべてを受け入
れ、肯定」（pp.249-250）できるのである。したがって「現実の問題は解決
しなくとも、それにたちむかう新しい力が湧きあがってくる」（p.250）。そ
れによって「限界状況」に再び挑戦する「生への意欲」が、その人にもたら
されるのである（高島 2001）。

第3に、変革体験によって「使命感」「生かされていることへの責任感」
を自覚することによって大きな「生きがい感」が得られる。神谷はこの使命
感を「小さな自己、みにくい自己にすぎなくとも、その自己の生が何か大き
なものに、天に、神に、宇宙に、人生に必要とされているのだ、それに対し
て忠実に生きぬく責任があるのだという責任感である」（p.250）と説明し、
さらに「これが使命感の形をとり、変革体験のなかで直観的に把握され、そ
れ以後の生きかたを決定する場合も少なくない」（pp.250-251）と述べている。

特に第3の点については注目に値する。神谷の一生を一言で表現するなら
「使命感に生きた人」ということになるだろうか。そして「生きがい」を最
も強く感じられるのは「使命感に生きる人」であるとすると、神谷の一生こ
そ、さまざまな限界状況を体験しながらも、「生かされて生きる実感」を失
わず、生き生きと生きた生涯であったといえる。

ところで神谷の好きな言葉にサン＝テグジュペリ（Saint-Exupéry, A.）の
遺稿となった作品『城砦（Citadelle）』（1948）の中でしばしば述べられてい

る「交換」（échange）という思想がある。これは「人間は何かのしごとに打ち込んで自分のすべてをそれに献げることによって、自分の生命をそれと交換するのだ」（神谷 1971b［1981, p.30］）という考え方である。

　こう考えると、神谷の65年間の生涯の大半が、この交換という思想に向かう変革体験であったとも言えるかもしれない。それは「使命感」、中井（1983［1983, p.178］）の表現を借りれば「召命感」に裏付けされていたものであったため、そう考えることもできるのである。その神谷の召命感は、独りよがりのものではなく、人は皆、人間を超えた大いなるものから選ばれている存在であるという意識が根底にあったと思われる。そして、それは神谷にとっては自分の人生を謙虚に誠実に生き、他者とかかわりながら、自己を全うしようとする使命感につながっていったのである（成瀬 2001）。

Ⅳ．神谷の「癩者」との出会い

　神谷が「癩者」と初めて出会ったのは、神谷が津田英学塾（現在の津田塾大学）2年の時（1933年・昭和8年・神谷19歳）であった。叔父である金沢常雄牧師が癩療養所・多摩全生園のキリスト教団から招かれて話をしに行くのに、オルガン奏者として神谷が同行した時である。それまで神谷は癩者について何も知らなかった。現在と異なり特効薬プロミン等の良い治療薬もなかった時代であり、患者達は見る影もなく病み崩れ、目も冒され、四肢も不自由な人もいた。その人びとが信仰による喜びを語り、賛美歌を高らかに歌っている。そして、それらの患者達の傍らには三上千代という看護婦（後にナイチンゲール賞受賞）がおり、母性的で献身的な看護をしていた。

　その時、神谷（1974a［1980］）は「弾いている賛美歌の音も、叔父が語った聖書の話も、患者さんたちが述べた感話も、何もかも心の耳には達しないほど深いところで、私の存在そのものがゆさぶられたようであった」（p.127）。また、自分も三上看護婦のように、癩病患者の処で働きたい、そして「苦しむ人、悲しむ人のところしか私の居どころはない」（神谷 1980［1980, p.75］）

第7章　神谷美恵子の「生きがい研究」、その契機と過程　117

とまで思ったのである。

　この後、第Ⅱ節で述べたように結核という当時で言えば「死の病」を2度にわたって経験し、紆余曲折はありながらも、後に医学の道へ進み、東京女子医学専門学校（現在の東京女子医科大学）卒業の前年の夏期休暇中（1943年・昭和18年・神谷29歳）、国立療養所長島愛生園に12日間の実習に赴く。

　その実習に赴く前日（8月4日）の夜の神谷の日記があるが、神谷の当時の心境がよく表現されているので、次に引用する。

　「約十年も前のこと、一つの『生きる意義』raison de vivre を喪って宙に漂う私の前に、東京府下全生病院癩療養所見学の際、新たな『生きる意義』として立ち現れたのが癩への奉仕ということであった。爾来さまざまの紆余曲折はあったけれど、私のひそかな希いと歩みは殆ど常にそれに向けられていた。今や医学校卒業の日も来年に迫っている。果たしてこの方向が単なる主観でないかどうか、たしかに自分に運命づけられたものかどうか、それを見窮めるために今私は岡山の国立愛生園癩療養所に旅立とうとしている。あそこには何が、どんな生活が待っているのだろう」（神谷 1943 [1981, p.8]）。

　神谷が初めて癩患者と出会ったのが19歳の時であるから、実に約10年にわたり、癩者に対する思いが継続されていたことがわかる。そしてさらに神谷は65歳で生涯を終えるまで、途中、断続的になった時もあるが、19歳の時の初志を貫徹している。

　この実習の様子は、神谷の著作『遍歴』の中の「愛生園見学の記」（1967-1968 [1980, pp.157-209]）に収められているが、それを読むと何より、この実習から神谷が体験したことは「癩者に」という8月4日に書かれている詩に集約されているような気がする。その一節、「なぜ私たちでなくあなたが？　あなたは代って下さったのだ」は、約30年後に書かれた「らいと私」（1974a [1980, pp.123-142]）の中でも、「いまなお時どき、突如として心に響いてくる」（p.134）言葉だと紹介されており、さらに神谷は「べつに理屈ではない。ただ、あまりにむざんな姿に接するとき、心のどこかが切なさと申訳なさで一杯になる。おそらくこれは医師としての、また人間としての、原

体験のようなものなのだろう。心の病にせよ、からだの病にせよ、すべて病んでいる人に対する、この負い目の感情は、一生つきまとってはなれないのかも知れない」（pp.134-135）と述べている。

この文中の「負い目」「申し訳なさ」とは、どんな処からくるのだろう。

そのヒントとして、神谷の言う「余生」という言葉がある。第Ⅱ節の冒頭でも述べたように神谷は誕生から約20年ごとに「死に至り得る病」を患った。そして「病が癒されるたびに、その後の生命を『余生』と呼んで」（神谷 1974b［1981, p.142］）いたのである。余生とは『生きがいについて』（1966［1980, p.275］）でも触れられているが、例えば、結核療養中、周囲の人たちが亡くなっていくのに対して、自分だけが生き残ってしまったことなどからくる言葉で、治癒後の人生を「余生」と考えて精一杯生きるという意味なのである。神谷にとっては、人の「生老病死」についての省察という彼女の一生を貫くテーマの裏側には必ず、この「負い目」「申し訳なさ」ということがあり、それが彼女を真摯で謙虚な人間性探究への道を歩ませる原動力の一つになったのである。

またこの後、数年して終戦になるのだが、1944年・昭和19年の秋、神谷は東京大学精神科に内村祐之教授の許可を得て入局する。（内村教授は内村鑑三の子息であり、内村鑑三の弟子の一人であった神谷の父・前田多門とは旧知の仲であった。）ところで、すでにその時は戦争末期であり、空襲を逃れて神谷は病棟の一室に住み込んで医師としての仕事に励む。その時の体験を神谷は1971年に朝日新聞紙上で紹介し、「死は自分のまわりにも、頭の上にもじつに間近にあったのだが、たとえば一杯の水に合掌しつつ死んで行く被災者を前に『生かされていることの意味』を痛いほど感じ、考えさせられた」（神谷 1971c［1981, p.85］）という。この体験も後に神谷が生きがい研究に入っていく大きなきっかけの一つになったと思われる。

そして、しばらく時間を経て、再び神谷が愛生園を訪れるのは、1943年の実習から14年後の1957年（昭和32年）神谷43歳のころである。この時、神谷は愛生園に非常勤職員として入り、癩に関する精神医学的調査を行いつ

第 7 章　神谷美恵子の「生きがい研究」、その契機と過程　*119*

つ、患者の定期診療に従事している。この時の調査は 1957・58 年にわたり、のべ 50 日間続けられ、後にまとめられ、Kamiya,M. (1959) "Psychiatric Studies on Leprosy"（「癩に関する精神医学的研究」）という論文となり、1960 年・昭和 35 年に大阪大学より医学博士の学位を神谷は受けている。

　この論文は、前述のとおり、国立療養所長島愛生園において癩患者の精神医学的調査を行ったものをまとめたものである。調査の方法は①精神医学的症例の診察、②入院患者に対する臨床的面接、③各種心理テストの実施（質問紙法・文章完成テスト・欲求調査表・絵画—欲求不満テスト・集団ロールシャッハ）であった。これらの結果は厳密な統計処理がされて、癩に関する精神医学的調査として妥当性・信頼性の高い資料になっている。

　ただ神谷にとっては、この調査の結果わかったことの一つが特に心をとらえた。それは「入院していない軽症者のうち約 30 ％の者が不満を持っていることが判明した」ことであり、そして、それらの患者たちの「退屈、自己の存在に対する無意味感、未来への希望や目標の欠如などが欲求不満の最も根本的な原因の一部であることが 明らかになった」(Kamiya, M. 1959, p.170) ことである。つまりそれは「生きがい」を喪失した一部の患者の姿であった。

　しかし、その一方で、後に『生きがいについて』(1966 [1980, pp.263-264]) で紹介されているように、少数ながら、特に重症といわれる患者が癩を病んで「よりよく人生を肯定しうるようになった」「心が高められ、人の愛、生命の尊さを悟った」「人生の目的を知り、人生を咀嚼する歯が丈夫になり、生きる意味を感じる」と答えていた。

　この違いはどこから来るのか、これらの患者の「生の声」は、神谷に大きな影響を与え、さらに神谷を「生きがい研究」へと大きく向かわせることになる。その証左として、1959 年・昭和 34 年 9 月 14 日の神谷の日記では、学位論文で正面切って扱えなかった問題、つまり、その時の神谷の最大関心事「生甲斐」、そして人間としての価値の問題について、癩者とかかわりながら今後も考えていきたい、という主旨のことが書かれている（神谷 1983 [1983, pp.86-87]）。

120 人間性心理学の展開Ⅲ.「生きがいの心理学」を目指して

　この流れに関連して注目に値するのが、学位論文提出後に書かれた Kamiya,M. (1963) "The Existence of a Man Placed in a Limit-situation "(「限界状況における人間の存在」）である。この論文には 'An Anthropological Analysis of a Paranoid Case in a Leprosarium '（「癩療養所における一妄想症例の人間学的分析」）という副題がつけられており、ある癩の妄想患者の内的世界について現象学的・人間学的観点から克明に分析・考察したものである。言ってみれば、限界状況における人間存在のあり方、生きがいの問題を一症例によって示したものである。

　この論文の結語で神谷は「精神的存在としての人間の生がおびやかされる限界状況にさいし、これに対処し、これを克服するためにとつぜん働き出しうる力が人間の精神の奥深いところにひそんでいることをこの症例は示す」（Kamiya, M. 1963, p.48）と言い切っている。

　神谷は『生きがいについて』の第8章「新しい生きがいの発見」の中で限界状況の中でなおも生きがいを見いだしている人の心は、心の広がりの変化から言えば、空間的には、その苦しみや願望は「社会化」（socialisation）され、人と共に苦しみ、そして癒し癒される関係を願っている。また、時間的には、現在のみならず過去や未来の人とも連帯しているという歴史的意識と使命感で「歴史化」されて（historicize）いる。一方、心の奥行きの変化としては、精神の力によって時空を超え、あらゆる場所と時代の人びとと連帯できる。そして、その行動は目的・効用・必要・理由などと一切関係しない、それ自らの活動になっており、その活動からは純粋な「よろこび」「生きがい（感）」がもたらされる、と述べている。

　以上をまとめて神谷は「精神化」（spiritualisation）と呼んでいるが、この例として先述の症例を挙げ、「その患者はらいの再発を契機として深い絶望におちいったが、やがて独自の宗教的な世界に新しい生きがいをみいだし、積極的な使命感をもって他人に奉仕しつつ生きるようになった」（神谷 1966 [1980, p.199]）という。このように限界状況にあっても、なおも生きがいを喪わず生き抜いた一人の患者の存在が神谷に与えた影響は大きく、この論文

第 7 章　神谷美恵子の「生きがい研究」、その契機と過程　*121*

は、1960 年に執筆を始め、翌年 9 月に一度脱稿するが、その後、約 6 年にわたり推敲に推敲を重ねた上で出版された『生きがいについて』（1966）の祖型の一つであるように感じる。

　また、この論文の前段階を示すものとして同じ患者のことを書いたもの（神谷 1960）があるが、その序言でも「少数の特徴的な例についてその一つ一つをそれなりに独自な現象として掘り下げることが、かえって人間存在の奥深いところにある本質的なものを堀りあて、これに光をあてることにもなる」（p.1）と述べられており、目の前にいる患者と真摯に向き合い、共感的に理解しながら、丁寧に「その人」そのものを記述し、考察すること（つまり「事例研究」）による「生きがい研究」への神谷の並々ならぬ志向性を感じるのである。

　翻って、事は 1957・58 年の調査の時に戻るが、患者の生きがいの問題の他に神谷がショックを受けたことがもう一つあった。それは「園内（長島愛生園）の精神病患者の実態調査をした時にみた光景である。老朽化した木造の小さなバラックに、いくつか板敷の座敷牢のようなものが並んでいる。その一つ一つに、垢にまみれた患者がとじこめられていて、文字通り、荒れ狂っている」（神谷 1974a［1980, p.140］）様子であった。（これは、おそらく精神病舎・杜鵑のことであり、昭和 14（1939）年に造られているが、神谷（1969［1981, p169］）によれば「日本のらい療養所には昭和 32（1957）年まで精神科というものがなかった。らい患者における精神病の発生率は一般人口と同じであるが、この精神病者たちにはらいに対する治療も、精神病に対する治療も行われず、双方とも最悪の状態のまま、医療の対象の外に置かれていた」という）。

　これについて神谷は当時の愛生園園長の高島重孝医師に「文化国家などと言いながら、日本の一隅にまだこんなところがあるとは、まさに国辱ですね」と放言してしまい、それに対して高島に「そんなこと言うなら、あなたがここに来て精神科をやって下さい」と言われ、神谷の愛生園勤務が始まる（神谷 1974a［1980, p.141］）。その後、神谷は 1972 年・昭和 47 年、愛生園辞任後

122　人間性心理学の展開Ⅲ.「生きがいの心理学」を目指して

も、1979年・昭和54年、65歳で亡くなる直前まで「癩」の人びととかかわり続けていった（高島 1998）。

Ⅴ．神谷の「癩者」とのかかわり

　前節の最後に述べた神谷と「癩」の人びととのかかわりとは如何なるものであったか、本章の最後に考察を試みる。

　確かに神谷の崇高な精神、人間性を賛辞する人は多い。それは長島愛生園で神谷がかかわった患者の中にもたくさんいる。しかし、それのみをもって神谷と「癩」の人びととのかかわりを評価するのは疑問である。それは長島愛生園での出来事を語った神谷の文章からは、エピソード的に語られる患者たちの様子や、それへの神谷の思いは十分に伝わってくるのだが、神谷と患者たちとの「かかわり」のあり方、その詳細な内容が立ち現れてこないからである。

　前述した論文「限界状況における人間の存在」とて、1957年4月13日に神谷が、当該患者と面接した時に得た材料に、彼の死亡後、彼の周囲にいた友人、看護婦、医師からの情報を加えて構成されたものである（Kamiya, 1963, pp.17-18）。この患者とは、神谷は面識もあり、普段から「かかわって」いたはずである。そこのところを意図的あるいは無意図的に省いて記述しているので、神谷とこの患者との「かかわり」そのものはあまり見えてこない。

　結局、神谷の書き遺した文章からは、神谷と患者との長期にわたる個別的、具体的かかわりを記したものは発見できなかったが、関連図書を読み進めていくうちに、徳永進の『隔離』（1982［1991]）という本に出会った。この本には「故郷を追われたハンセン病者たち」という副題がつけられており、医学生（大学2年）の時に初めて長島愛生園で癩病者（ハンセン病者）に出会った著者が、その後も癩病患者に深い共感を抱き続け、1974年と1980年に著者と同郷（鳥取県）の元癩病患者を一人ひとり訪ねて「聴き書き」をしたものをまとめたものである。

第7章　神谷美恵子の「生きがい研究」、その契機と過程　*123*

　これを読むと、黙って静かに「聴き書き」している徳永医師の姿が目に浮かぶ。元患者さんたちの「生の声」が聴こえてくる。そして十分に元患者さんたちと徳永医師との「対話」が成り立っていることがわかる。この本の中でも神谷は登場する。それは徳永医師が野田英吉さんという患者を訪ねた時の話である。部屋に1枚の写真が大事そうに飾ってあった。優しい表情でこちらを見つめている白衣の女性である。野田さんの奥さんが、その写真を見て「私たち、よくしてもらいました。ほんとに心の支えです」と言う。それが神谷美恵子の写真だった。野田夫妻は、マリアを見るように、その一枚の写真を見つめていたそうである（徳永 1982［1991, pp.257-258]）。

　このエピソードから徳永医師と神谷美恵子がオーバーラップして見えた。ある書評（論楽社編集部 1996, p.99）に「（徳永著）『隔離』は、その後の（神谷著）『生きがいについて』『人間をみつめて』である」「神谷美恵子さんができなかった、しなかったことを徳永進さんが受けついだ聞き書き集」である、とあった。筆者も同様の印象をもった。というより神谷自身の著作物のみから患者と神谷のかかわりを探すより、もっと筆者自身の想像力を駆使して、いろいろな文献、特に患者自身が語ったものから、それを読み取っていくべきだと感じた（最近では例えば、中村真理子 2001、徳永 2001などの優れた論考がある）。

　そして患者側から神谷のことが語られているものを読んでいくうちに、ある患者が書いた「神谷美恵子論」に心を打たれた。それは島田等さんという患者が、詩誌『らい』1973年9月号に「臨床における価値の問題」（1973［1985, pp.89-100]）と題して書かれたものである。（島田等氏は1995年に死去されているが、生前は愛生園「らい詩人集団」を結成し、代表を務められたり、長島愛生園50年史『隔絶の里程』（長島愛生園入園者自治会 1982）の編纂委員として活躍された方である。）

　その島田氏の論文では、神谷の「求道的生き方」に注目し、そこに神谷の「人間性探究の人生」の真髄を見る。島田氏の主張を要約すると、症状が進めば進むほど、その患者が「病んでいる実感」は全人格的なものとなり、そ

124 人間性心理学の展開Ⅲ.「生きがいの心理学」を目指して

の心を細分化して部分的に治療することは不可能であり、そして、そのような患者の分割できない全人格的存在として「病んでいる」という思いに早くから注目していたのが神谷であった、という。

筆者は、神谷の人とかかわる姿勢には、島田氏の言うように本人の「求道的生き方」が、その根底にあり、また医師として同じ人間として患者とかかわり、そこに深い受容と共感が生まれ、お互いが癒す癒されるという関係にまで高められていったと言えるのではないかと思う。

なお、島田氏は神谷が亡くなった後に、次のような「先生に捧ぐ」(神谷1983, pp.165-166) という詩を送っている。

　　「そこに一人の医師がいた／五十年の入院生活をつづけている私たちにとって／記憶に余るほどの医師にめぐまれてきたわけではないが／めぐみは数ではない／そこには一人の医師がいた／『なぜ私たちでなくて、あなたが?』とあなたはいう／『私の "初めの愛"』ともあなたはいう／代わることのできない私たちとのへだたりを／あなたはいつもみずからの負い目とされた／そこにはたしかに一人の医師がいた／私たちは、いまとなっては真実にめぐり会うために病み／病むことによってあなたにめぐりあい／あなたのはげましを生きることで／こうして／あなたとお別れする日をむかえねばならない／さようなら／神谷美恵子／さようなら」。

以上のような島田氏の言葉から連想されたのは「お遍路さん」ということである (McLean, T. 1997、遠藤 1998)。実際のお遍路さんでは遍路する人の菅笠に「同行二人」と書いてある。弘法大師空海と共に行くという意味である。神谷美恵子における同行とは、患者と同じ地平を一人間として共に歩んでいく「求道的生き方」そのものが「人間性探究」「人間の生きる意味の探究」となりうるような「生きがい」追求の道と言えよう。これこそが、神谷美恵子の「生きがい研究」の根底を支える思想であり、それは同時に決し

第7章　神谷美恵子の「生きがい研究」、その契機と過程　*125*

て平坦ではなかった神谷の人生であったが、それでもなお「生きがい」ある
ものにした要因だと思われる。

VI.　おわりに――まとめにかえて

　以上から示唆されることは、若い頃の神谷の「変革体験」が、その後の神
谷の人生に影響を与え、自分が生きることへの、また自分が生かされている
ことへの使命感を自身で自覚することによって、「生きがい」というテーマ
にアプローチする素地を創ったことである。そして、二十歳前後に経験され
た、結核療養体験などのいわゆる「どん底体験」により、人の「生死」とい
う問題に自分の心と身体、もっと言えば魂が直接的に揺さぶられた体験をし
たことによって、限界状況を生きる人びと、特に癩の人びとへの共感性を深
めていった。したがって、その後の「生きがい研究」の萌芽は、すでに神谷
の青年期からあったわけであり、その後の神谷の「求道的生き方」を通じて、
その「生きがい論」は具現化されていった。それは同時に神谷美恵子の思想
と行動が表裏一体のものになっていったプロセスと言える。つまり、「人が
人に対して温かな心（慈悲心）をもって生きていくならば、その毎日が生き
甲斐を具現している」（中村元 1994, p.88）ことになるのである。

【注】
1) 本章の文献引用にあたって（　　［　　］）とあるものは、（文献初出年［実際に参照し
　た文献の発行年，（参照頁）]）である。
2) 本章の文中、「癩」「癩者」「癩病」「癩病患者」との表現が随所に出てくるが、基本
　的には引用文献の表現に従った。現実には「ハンセン病」という表現で統一した方が
　現在では良いのだろうが、歴史上受けたこれらの患者たちの苦痛や差別を知った今で
　はむしろ「癩」で統一した方が良いと思っている。
3) 参照した先行研究等を以下、年代順に列挙する。
　1　宇佐見承（1966）「一つの完全」『朝日ジャーナル』Vol.8 No.41, 30-32。
　　　神谷の長島愛生園での診察の様子を写した写真見開きページに続いて、人物紹介
　　として1ページ、記者の神谷に対するアイロニックな私見が述べられている。例え

ば、「(癩の)患者とのあいだに壁を感じませんか。つまり劣に対する優のひけめ……」「その前進(＝神谷の生きかた)への心の軌跡は直線。停止、ためらい、沈潜をくりかえす俗人とは無縁……」などの表現があり、記者の神谷に対する偏見的先入観が目立つ文章である。

2 佐藤幸治(1968)「人間の存在意義——神谷美恵子"生きがいについて"」佐藤幸治『死と生の記録』講談社、192-198。

　　著者の佐藤の姿勢は「現実の人間のいわゆる人間記録(ヒューマン・ドキュメント)を細かく検討していくことに、真実の生き方をもとめる人間の指針が隠されている」というものである。その人間記録のうち、使命感に生きた人の一例として神谷をあげている。

3 谷中輝雄(1983)「生きがいと病——精神分裂病者とその家族にとって」『季刊　精神療法』第9巻第1号、16-23。

　　著者の谷中は、昭和45年より精神障害者の社会復帰施設である「やどかりの里」の活動を続けてきている人である。この「やどかりの里」で行われた「生きがい」をめぐっての患者たちの話し合い(昭和48年11月・12月・昭和49年1月の3回。＊第1回目の後、神谷著『生きがいについて』を参加者は読む)の概略を紹介しながら、回復期の分裂病患者にとって、またその家族にとっての「生きがい」の問題の考察を試みている。そのまとめとして、谷中は「生きがいを持つことが病を回復させることではなく、自らを取り戻す作業の一つとして生きがいは重要なものであろう。時として、生きがいが現実から遊離して、ある時はあせりや負担になっていくことすらみうけられる。現在という時と現実の場の中から徐々にふくらみをもったものとして生きがいをとらえないと、彼ら(回復期の分裂病患者とその家族)にとっては危ない目標になりかねないのではなかろうか」(p.23)と述べている。

4 高橋幸彦(1991)「神谷美恵子　その生涯と業績」松下正明(編)『精神医学を築いた人びと』下巻、ワールドプランニング、225-236。

　　著者の高橋医師は神谷が勤務した癩療養所長島愛生園の後輩である。この高橋は神谷への追悼の文章で「癩ゆえに社会から隔離された病者の苦悩の深奥まで共感をいだかれ、ご自身(＝神谷)が病者と同じ地平に立って、病者と一体となり、考え悩み模索しながら歩まれた」(高橋 1983, pp.132-133)と述べている。しかし、上記の論文では、過度に感情移入せず冷静な筆致で神谷の生涯と精神医学的業績の関係が描かれており、それがかえって説得力がある。

5 江尻美穂子(1995)『神谷美恵子』清水書院。

　　著者の江尻は神谷が卒業し教鞭もとった津田塾大学の18年後輩に当たる人であ

第7章　神谷美恵子の「生きがい研究」、その契機と過程　*127*

る。この江尻は、神谷の著作のほとんどすべてを読み込み、そして神谷の夫である
神谷宣郎氏、長島愛生園の元患者・中原誠氏をはじめ、たくさんの神谷と関係の
あった人びとから情報を集め、誠実な評伝を記している。資料としての価値も高く、
神谷の歴年齢をおっての事実確認のために非常に有用であった。

6　永見勇（1995）「生きがいと生活空間（生きがいの諸様態・生きがい喪失とその実
　　存的体験）」永見勇『生きがい喪失とケアの哲学』ハーベスト社、57-107。
　　　著者の永見は神谷の生きがい論について「彼女（神谷）はいくつかの事例を上げ
　　ながら、人間の生きがい感を状況描写的に説明し、同時に生きがい喪失から生じる
　　人間の不安や意味喪失という現象を説明しているだけである」（p.60）と批判した
　　上で、著者の考える生きがい感の諸様態（「融合的関係性」「受容・応答的関係性」
　　「目的・未来志向的関係性」）にそって、生きがい（喪失）論を展開している。また、
　　人間という存在構造に着目しつつ、なるべく具体例を多くして、人間が生きる根源
　　的な意味を問う姿勢は、著者が単なる思弁的宗教哲学者ではないことがわかる。そ
　　してその姿勢そのものが神谷への批判の答になっている。

7　伊藤隆二（1996）「人間性心理学の主題と方法について── 神谷美恵子の『生きが
　　い』研究を中心に」畠瀬稔（編）『人間性心理学とは何か』大日本図書、65-97。
　　　著者の伊藤は、神谷の「生きがい」研究の特長を検討しつつ、そこから人間性心
　　理学の主題と方法についての示唆を得ようとしている。著者は、その神谷の生きが
　　い研究（＝神谷の人間性心理学）の特長として次の12点をあげている。1）「生き
　　がい」を願いつづける。2）人間を意味づける。3）研究の足場を組む。4）超意識
　　の世界をみる。5）人間に深く共感する。6）幅の広い視野をもつ。7）学識と経験
　　「知」をいかす。8）人間の意味と価値を重んずる。9）人間を肯定しつづける。10）
　　人間をホリスティックにみる。11）人間の使命性を重視する。12）事例研究に取り
　　組む。

8　宮原安春（1997）『神谷美恵子　聖なる声』講談社。
　　　著者の宮原は、音楽評論や歴史ドキュメントなども手がけるノンフィクション作
　　家である。第2章以降は、他書と一部内容が重複するところがあるが、第1章「美
　　智子さまとの魂の友情」は、ほぼ宮原自身の取材によるオリジナルであり、美智子
　　皇后の皇太子妃時代に「お話し相手」をつとめた神谷の姿がいきいきと描かれてい
　　る。

9　神谷美恵子東京研究会（1997）『神谷美恵子の生きがいの育て方』文化創作出版。
　　　「神谷美恵子の生き方から学び、自らの人生を生きがいあるものにしよう」とい

128 人間性心理学の展開Ⅲ.「生きがいの心理学」を目指して

う主旨で書かれた一種の啓蒙書である。

10　柿木ヒデ（1998）『神谷美恵子　人として美しく』大和書房。
　　　著者は東京女子医学専門学校（現・東京女子医大）時代の神谷の同期生である。本書は2部構成になっており、第1部では、神谷美恵子の生涯が描かれている。また第2部では、神谷と家族との関係、神谷がかかわった「重要な他者」（例えば、新渡戸稲造、三谷隆正、ミッシェル＝フーコー、ヴァージニア＝ウルフなど）との関係が描かれている。2部共に著者が神谷から直接聴取した事柄も織り混ぜて述べられており、新事実がたくさん発見できた。

11　荻野恕三郎（1998）『人生の意味と価値』南窓社。
　　　著者は1970年代より一貫して、生きがい（論）ブームを批判している哲学者である。しかし単なる批判のための批判ではなく、既存の生きがい論の批判を通して、新しい生きがい論への（ヘーゲル）弁証法的発展を意図しているように思われる。また神谷個人の生きがい論に対する批判にとどまらず、生きがい論ブームにのって、何の批判的検討も加えず、騒ぎ立てている日本の風潮をも痛烈に批判している。

12　柳澤桂子（1998）『癒されて生きる』岩波書店。
　　　著者は30年近く原因不明の病気と共に生きてきた生命科学者である。自らの切実な問題である「死と直面しつつ生きていくこと」を軸にして、人文科学と自然科学との融合を目指そうとしている姿勢は、神谷と同種のものである。著者は療養中の「神秘体験」により、自己にめざめ、「生きがい」という問題を考え始めた。そしてさらに神谷の「生きがい論」の枠組みを参照しつつ、「生きがい感」を生命科学との関係の中でとらえていこうとしている。

【文献】

江尻美穂子（1995）『神谷美恵子』清水書院。

遠藤和彦（1998）「遍路の旅とゲシュタルト」『現代のエスプリ』375、152-162。

Jaspers, K. (1954) *Psychologie der Weltanschauungen*. (viert Auflage) Berlin, Göttingen, Heidelberg : Springer-Verlag.

柿木ヒデ（1998）『神谷美恵子　人として美しく──いくつもの生ただひとつの愛』大和書房。

神谷美恵子（1943）「旅を前にして（日記）」［神谷美恵子著作集5 1981『旅の手帖より』みすず書房、8-9］。

Kamiya,M. (1959) "Psychiatric studies on leprosy." *Folia Psychiatrica et Neurologica Japonica*, 13 (2), 143-173.（邦訳：神谷美恵子 1959「癩に関する精神医学的研究」神谷

第7章　神谷美恵子の「生きがい研究」、その契機と過程　*129*

美恵子 著作集7 1981『精神医学研究1』みすず書房、21-71)。

神谷美恵子（1960）「癩患者における一妄想例の精神病理学的考察」『神戸女学院大学論集』7（1）、1-20.

Kamiya,M. (1963) "The existence of a man placed in a limit situation;an anthropological analysis of a paranoid case in a leprosarium." *Confinia Psychiatrica*, 6, 15-52.（邦訳：神谷美恵子 1963「限界状況における人間の存在――癩療養所における一妄想症例の人間学的分析」神谷美恵子著作集7 1981『精神医学研究1』みすず書房、179-227)。

神谷美恵子（1966）『生きがいについて』[神谷美恵子著作集1 1980『生きがいについて』みすず書房]。

神谷美恵子（1967-68）「愛生園見学の記」[神谷美恵子著作集9 1980『遍歴』みすず書房、157-209]。

神谷美恵子（1969）「島の診療記録から」[神谷美恵子著作集5 1981『旅の手帖より』みすず書房、169-174]。

神谷美恵子（1971a）「生きがいについて」[神谷美恵子著作集6 1981『存在の重み』みすず書房、35-41]。

神谷美恵子（1971b）「ひととしごと」[神谷美恵子著作集6 1981『存在の重み』みすず書房、30-34]。

神谷美恵子（1971c）「『存在』の重み」[神谷美恵子著作集6 1981『存在の重み』みすず書房、74-88]。

神谷美恵子（1974a）『人間をみつめて』[神谷美恵子著作集2 1980　『人間をみつめて』みすず書房]。

神谷美恵子（1974b）「美しい老いと死」[神谷美恵子著作集6 1981　『存在の重み』みすず書房、142-146]。

神谷美恵子（1979a）「ひと、本に会う」[神美恵子著作集6 1981　『存在の重み』みすず書房、256-258]。

神谷美恵子（1979b）「生きがいの基礎」[神谷美恵子著作集6 1981　『存在の重み』みすず書房、222-229]。

神谷美恵子（1980）『遍歴』[神谷美恵子著作集9 1980『遍歴』みすず書房]。

神谷美恵子（1983）『人と仕事』[神谷美恵子著作集・別巻 1983『人と仕事』みすず書房]。

McLean, J. (1997)「魂の変容の地図――四国遍路に見るトランスパーソナルな旅の視点」『トランスパーソナル学』2、73-80.

宮原安春（1997）『神谷美恵子　聖なる声』講談社。

長島愛生園入園者自治会（1982）『隔絶の里程』日本文教出版。

中井久夫（1983）「精神科医としての神谷美恵子さんについて」[神谷美恵子著作集・別

巻 1983 人と仕事』みすず書房、177-185]。

中村元（1994）「生き甲斐について」中村元『人生を考える』青土社、73-88。

中村真理子（2001）「神谷美恵子の治療的人間関係にみる教育的行為の研究」『滋賀大学大学院教育学研究科論文集』4、1-12。

成瀬武史（2001）「福音と問いかける心の対話——神谷美恵子に学ぶ」『明治学院大学キリスト教研究所紀要』33、21-48。

野村一彦（2002）『会うことは目で愛し合うこと、会わずにいることは魂で愛し合うこと——神谷美恵子との日々』港の人。

太田愛人（2003）『神谷美恵子　若きこころの旅』河出書房新社。

太田雄三（2001）『喪失からの出発——神谷美恵子のこと』岩波書店。

論楽社編集部（1996）「書評・徳永進『隔離』」『病みすてられた人々』論楽社、99-100。

島田等（1973）「臨床における価値の問題」［島田等 1985『病棄て』ゆるみ出版、89-100]。

高原信一（1987）「神谷美恵子と宗教」『福岡大学総合研究所 所報』（人文・社会科学編）91、1-12。

高橋幸彦（1983）「先生との邂逅」［神谷美恵子著作集・別巻 1983『人と仕事』みすず書房、132-133。

高島明（1997）「神谷美恵子と自己実現の問題をめぐって」『一般教育紀要』（日本大学松戸歯学部）23、8-17。

高島明（1998）「神谷美恵子といきがいの問題について」『一般教育紀要』（日本大学松戸歯学部）24、29-41。

高島明（2000）「神谷美恵子と女性の生き方をめぐって」『一般教育紀要』（日本大学松戸歯学部）26、23-33。

高島明（2001）「神谷美恵子と生命倫理の問題」『一般教育紀要』（日本大学松戸歯学部）27、35-47。

徳永進（1982）『隔離』［徳永進 1991『隔離』岩波書店]。

徳永進（2001）「隔離の中の医療」沖浦和光・徳永進（編）『ハンセン病——排除・差別・隔離の歴史』岩波書店、3-28。

第8章

V.E.フランクルにおける「生きがい論」の射程
── 自己実現から自己超越へ

I. はじめに── 問題の所在

　フランクルによる「生きがい論」は「人生それ自体が人間に問いを発するのである。人間は問うべきではなく、むしろ人生から問われた存在であり、人生に答えるべきなのである」(Frankl, V.E. 1982, p.72) とする考えに基盤をもつ。つまり、自分が自己の人生に何を期待するかではなく、逆に自己の人生が自分に発している問いに耳を傾け、その問いに誠実に答えていくことが重要であるということである。したがって、自己の人生を自分として意義深く生きていこうとする意志、すなわち人間の「意味への意志（will to meaning）」(Frankl, V.E. 1969) が、「生きがい論」にアプローチするさらなる鍵である。
　しかし、自己の人生を意義深く生きようとしても、人生は常に順風満帆ということはない。人生は常に二律背反、逆説に満ちている。生きる意味の裏腹には無意味が、生きる喜びの裏腹には苦しみが存在する。そして、人生の苦しみに打ち拉がれ、あるいは生きる実感を麻痺させてしまい、自分の人生に何らの生きる意味や価値を見いだせない人びとも少なくない。そのような人びとは容易に「虚無の世界」に陥っていく。人間、特に近現代人は、物

化されていく自己ないしは人間存在を省みず、逆に、ただ物の生産と消費に明け暮れてきた。大量生産、大量消費こそが人間の幸福であると言わんばかりであった。それは特に先進諸国と言われるところでは顕著であった。しかし、その裏腹には、戦争による大量殺戮と難民問題、飽食の先進諸国の人びとには想像することさえできない第三諸国の飢餓、貧困、病気の発生などの「影の側面」があり、現在に至っている。

　このような時代状況の中で近現代人は自己防衛としての「ニヒリズム」（Nihilismus）を身につけてしまった。そして、その反動として「ヒューマニズム」（humanism）という理念系が提出されたが、この理念も人びとに正しく認識されなかったために、結局「ニヒリズム」に対抗できうるものではなかった。ニヒリズムとは、ニーチェ（Friedrich Nietzsche）によれば、前近代までの世界の要であった「神の死」によって起こってきた近代以降の虚無主義の世界観のことである（Nietzsche, F. 1900）。絶対存在・超越存在を失った世界は、あらゆる価値が相対化され、一人ひとりの人間は、その虚無の世界の軛に繋がれたのである。

　以上のような問題意識から本章は出発する。以下、まず、ニヒリズム批判とヒューマニズムの危機に関するフランクルの見解の検討を行う。次に、近現代のニヒリズム、ヒューマニズムという風土に成立すると考えられる「自己実現」（Selbst-Realizierung）概念に対するフランクルの批判に関する検討と、さらにフランクルの言う「自己超越」（Selbst-Transzendenz）概念の考察を行いたい。本章では、これらの検討・考察を通して、現代における生きがい論の課題を探ることを目標に論考を進めたい。

Ⅱ. ニヒリズム批判とヒューマニズムの危機

（1）ニヒリズム批判──還元主義の陥穽

　フランクルによれば、ニヒリズムの本質は、存在自体の否定にあるのではなく、「存在の意味」（der Sinn des Seins）の否定にある。それは現実が何

第8章　V. E. フランクルにおける「生きがい論」の射程　*133*

に還元されるかに応じて、生理学主義（Physiologismus）・心理学主義（Psychologismus）・社会学主義（Soziologismus）の3つの形態をもつ。生理学主義は生理学的現実に、心理学主義は心理学的現実に、社会学主義は社会学的現実に、それぞれ還元された時に生じるのである。いずれの場合においても現実は、単なる結果や所産に縮小されてしまう。このようなことばかりに注意が払われるところには志向性（Intention）や意味は生ぜず、したがって存在は、その志向性や意味を奪われる。これらの世界観においては、世界は一つの存在層に限定される。このように一つの存在層から自らを絶対化し他を総て相対化する一つの世界像がつくられる時、主義（Ismus）が始まる。このような主義は、人間を生理学的・心理学的・社会学的「人造の小人人間」（Homunkulus）にしてしまう（Frankl, V.E. 1975, pp.243-246）。

　これらの3つの主義においては、人間は人間に類似しているが人間ではないもの、～に過ぎない（nothing but）ものに模造され、人間の尊厳を剥奪され貶められる。生理学的存在層に還元された人間は、刺激―反応系の条件反射に支配されている生理学的機構に過ぎなくなる。心理学的存在層に還元された人間は、精神分析で言う無限の衝動に支配されている心理学的機構に過ぎなくなる。社会学的存在層に還元された人間は、権力に突き動かされるボールのような社会学的存在に過ぎなくなってしまう。このことをフランクルは「三つの主な模造人間主義（Homunculism）―生物学主義（Biologism）、心理学主義（Psychologism）、及び社会学主義（Sociologism）―によれば、人間とは反射の自動機械装置、衝動の束、心理学的機構ないしは経済環境による産物のいずれかに『過ぎない（nothing but)』ことになる」（Frankl, V.E. 1967, p.123 ）と述べる。フランクルによればニヒリズムは、このような還元主義（reductionism）の態度から生まれ、それが人間存在、すなわち「実存」（Existenz）の意味を否定する影を我々に逆照射してくるのである。

　フランクルの言う「実存」とは、自分自身の人生における現実や運命に対して、常に自身の責任において何らかの決断を下すことができる人間のあり

方を指す言葉である。この実存の意味がニヒリズムによって見失われるのである。この「実存」という概念について、フランクルは後期の著作においては「精神的」（noëtic）という言葉に置き換えて表現するようになっている。これは人間存在（実存）がもつ全体性や統一性をより重視していくという態度の表れである。その理念はさらに昇華され、「次元的存在論」（dimensional ontology）として提出されるに至った。次元的存在論とは、実存の存在次元を、身体的次元（somatic dimension）、心理学的次元（psychological dimension）、精神的次元（noëtic dimension）ないしは精神学的次元（noölogical dimension）に分け、その3つが「層構造」あるいは「段階的構造」を構成するという人間観モデルである。その主張では、精神的次元を、他の2つの次元よりも明らかに高次の次元であると位置づけ、精神的次元が、3つの次元を結びつけ、全体的統一を確保する役割を担っていることが強調されている。

　このことについてフランクルは「妥当で適切な人間論は、精神学的次元という固有性をもつ人間現象の次元へと、人間を誘う。しかし、もし実存が次の更に高い次元へと本質的に開かれていることを認識しないならば、それは未だ未完成のものと言える。人間は有限な存在であることは確かである。けれども、人間が自分の有限性を了解する限りにおいては、人間は、この有限性を超えるということも可能になってくるのである」（Frankl, V.E. 1967, p.86）と述べている。つまり、精神的次元に優位を与えることによって、人間が限界をもつ存在であっても、自らの主体的判断や選択を通して、この有限性を超えることができるのである。

　したがって、心理学的次元が内的に自然発生してくる心理現象に関する次元なのに対して、精神的次元は、その自然発生してくる心理現象に対してどのような態度を採るかを決断する実存の主体性に関する次元と言える。また、そのような態度決定を支えるものとして東洋思想的「心身一如」の視点から身体的次元も見過ごすことはできない。

第8章　V.E.フランクルにおける「生きがい論」の射程　*135*

(2) ヒューマニズムの危機

　近現代の思潮は、還元主義において実存を「〜に過ぎない存在」として、ニヒリズム的に人間以下のものとして卑小化する一方で、次に述べる悪しき「ヒューマニズム」（Humanismus）、すなわち「人間中心主義」（Anthropozentriamus）および超越存在の「擬人化主義」（Anthropomorphismus）によって実存を人間以上のものとして肥大化させ、人間がそれ自体で完結された存在であるかのように絶対化する傾向も出てきた、とフランクルは指摘する（Frankl, V.E. 1975, pp.339-377）。

　人間中心主義におけるヒューマニズムの危機とは、「人間がすべてである」と人間自身を絶対化したことから始まる。それは人間の世界観が、神中心主義から人間中心主義に移行した時期に重なる。つまり、人生の意味を解明しようとする際、人間は超越存在の軛から解放されたと同時に拠って立つ世界観の根本を失った。その顕著な例が「人間学」（Anthropologie）に起こってきているのだが、その「内在的可能性主義」（Potentialism）を打破し、超越にかかわることによって、人間存在の本質そのものを現実化していかなければならない。人間の存在論は世界（Welt）と超世界（Überwelt）に向かって開かれていなければならない。

　そして、開かれた扉からは絶対者の光が差し込んでくる。その絶対者は、超人格（Überperson）をもち、それは最高に善なる人格と言える。この絶対価値人格によって、つまりは「神」によって、初めて森羅万象は価値を保有する。人間存在にとっては、自らの人格の最も深いところに存在する「精神的人格」（geistige Person）に覚醒する必要がある。その覚醒のためには、超越存在との対話が重要になってくる。その時、人間存在は自らがなすべき本分に気づき、それに邁進するだろう。

　このような自己覚醒、フランクルの言葉で言えば「人間の開明」（inventio hominis）は神の模倣（imitatio Dei）において行われる。神の模倣とは、別の言葉で言えば「神の似像」（imago Dei）であり、人間存在のもつ有限性・被造性を自覚しつつも、精一杯自分として生きていくことへの覚醒に繋がる

概念である。

　人間中心主義は超越者の存在を否定し、人間自らを絶対化すると述べたが、それは超越者を人間化することでもある。これをフランクルは超越存在の「擬人化主義」と呼ぶ。本来の人間存在は、意味と価値に向かって実存する。言い換えれば、人間を超えるもの、志向価値に向かって実存する。つまり、人間が実存する限り、常に神に向かって実存するのである。その人間本来のあり方を「実存」と呼ぶならば、その人間が歩む人生の究極の意味は「超越」にある。つまり、人間が自分のことを知り得るのは、一つの絶対的価値、すなわち神においてである。ただし、神と同一化すること、神に到達することは被造物である人間には赦（ゆる）されない。神の絶対的超越性は保障されねばならない。神と人間の人格的交流を可能にするのは、「出会い」（Begegnung）である。それは相互的対話によるものであり、互いに相手を「汝と呼ぶこと」（Du-sagen）から始まる。神は本来的根源的に「一切にして無」である。語りかけても、答えの戻ってこないこともしばしば起こりうる。しかし、その超越存在に語りかけている場合、答えがなくとも、その「一切にして無」の存在は、その人間に語りかけているのである。つまり、超越存在は「永遠の汝」として人間の心の中に宿るのである。このように神は「絶対的超越性」と「絶対的親近性」、あるいは同時的「無限の遠さ」と「無限の近さ」をもっている。この逆説を克服していくことも人間存在に与えられた課題である。

　人間中心主義すなわち「人間の偶像化」、超越者の擬人化主義すなわち「神の人間化」は「真のヒューマニズム」を阻害する、とフランクルは主張している。それはヒューマニズムの危機に他ならない。なぜなら人間は超人格ではなく人格に過ぎないし、世界をもつだけで超世界をもたないからである。したがって、超越者との対話、「出会い」が重要となってくるのである。フランクルによる「ヒューマニズムの危機」に関する諸説は、このことに収斂（しゅうれん）されると筆者は考える。

Ⅲ. 自己実現から自己超越へ

（1）自己実現批判
── モナド論的人間観・内在的可能性主義・万華鏡的認識論

　自己実現理論にはさまざまなものがあるが、フランクルが批判する自己実現（self-actualization あるいは self-realization）は、ある個人内の自己満足・自己充足ということにのみ人生の目的を置き、その個人が有する可能性をその範囲でしか考えられないことを指す。したがって、フランクルの自己実現観においては、自己実現は望ましいものだが、本来の自己実現は、結果的に、あるいは自然に発生するものなのであり、それが当初より目的化した時、自己実現は逃げていく。実存は、意味を満たすことによってしか、自身を実現化することはできない、と考える（Frankl, V.E. 1967, p.8）。上のような実存の個人内に閉ざされた自己実現観は、フランクルによって「モナド論的人間観」（monadologistic view of man）と批判され、さらに、実存の「あること」（存在）と「なすべきこと」（当為）の間に横たわる溝という文脈に沿って「内在的可能性主義」、認識における主観─客観関係に即して「万華鏡的認識論」（kaleidoscopic Epistemology）と呼ばれる（Frankl, V.E. 1967, pp.37-51）。これら自己実現批判に関わる3つの人間観についてフランクルの考え方を紹介し検討する。

　第1に「モナド論的人間観」だが、フランクルは、ドイツ・バロック期の万能人 ライプニッツ（Gottfried Wilhelm Leibniz）の晩年の著作『モナドロジー（La Monadologie）初版：1720年』（Leibniz, G.W. 1930）の中で展開されるモナド（monade）論に発想のヒントを得ている。モナドは語源的には「単位」「一なるもの」の意であり、宇宙を構成するモナドは、神という絶対者によるコントロールを除けば、すべてが実体であり、また自身が成り立つためには自身以外の存在を必要とせず、それ以上小さな要素に分けることができない自律した単独存在である。そして、それぞれが実体であるモナドは、

個々が単独でそれぞれ独自の世界像をつくりあげ、発展させる。その際、個々のモナド相互には直接の影響関係が一切ないと考える。このため、「モナドには窓はない」と表現される。

　モナドを個々の人間と置き換えてみると、理解が容易になる。モナド論的人間観においては、それぞれの人間が閉じた一つの世界像をもつ。つまり、本来人間が存在しているところの「世界」は存在せず、自らの中だけで、世界像を発展させる。本来の世界と人間との間には、何らの結び付きもなくなり、人間は「世界内存在」（in-der-Welt-Sein）としての意味を失う。フランクルは、このように批判し、さらに「人間は世界に向かって開かれている」と主張する。「人間は世界に向かって開かれている」とは、根本的に人間は閉ざされたモナド的自己内の心理や身体の状態に関心をもつのではなく、その人間によって実現され充足されることを待ち望んでいる「意味と価値の世界」に向かって位置づけられていることを指す。そのようなことが可能になるためには、人間は、自らの人生を意義深く生きていくという使命に対する行動、他者のために、あるいは他者と共に生きることに覚醒する必要がある。その覚醒を促すものが、絶対存在・超越存在、すなわち「神」である。この絶対者と人間の関係が自己実現理論には欠落しているとフランクルは指摘しているのである。

　第2に「内在的可能性主義」についてだが、フランクルは、内在的可能性主義においては「個々の人生の課題は、人格を満たす諸々の可能性を最大限に実現することだと見なされている。そうだとすれば、自己実現の度合いは実現される可能性が多ければ多いほど達成されていることになる。だが、ただ単に自らの内部の可能性を実現するだけなら、その結果がいったい何になるのか」（Frankl. V.E. 1967, p.46）と述べている。内在的可能性主義は、人間が自分の人生の中で「なすべきこと」（I ought）への眼を曇らせる。つまり、「意味への意志」を阻害する。人間の可能性は単に「できること」（I can）といった意味合いでの陳腐な可能性ではない。それは意味と価値との光に照らして個々の人間の人生に即して自己の責任において決断されねばな

らない事柄である。

　本来、自己実現は、このような過程にあって、「なすべきことをし、意味を実現した」結果、自ずと生じてくるものである。しかし、内在的可能性主義においては、自己実現自体が目的化しているため、結局それは掴(つか)めない。それは不完全で有限な存在である自分だが、それを背負って生きていこうとする実存の主体的あり方を退け、自らの人生に対する責任を回避しようとすることになる。

　第3に「万華鏡的認識論」だが、万華鏡は万華鏡の外を見通すことはできない、さまざまな色のガラスの欠片(かけら)が内部の鏡に投射され映し出される自己完結的イルージョン（幻影）である。これを人間の認識に当てはめると、万華鏡的認識とは、自己の内部にある世界（ガラスの欠片）を自己の内部にある世界（鏡）に投射して（主観）、それを（客観）世界だと思い込むことである。言い換えれば、自らを限定された自己の世界に押し込めてしまう認識方法であり、主観（私の世界）が客観（大いなる世界）に遠く離れている状態である。

　この主観を客観に接近させる鍵は、フランクルによれば「共同」（Communio）にあるという（Frankl, V.E. 1975, p.165）。「共同」とは、人間の「実存的自己現実化」（existentielle Selbstverwirklichung）は、ただその人にだけ生じるのではなく、他者なしには起こり得ず、むしろ他の実存と関わることによって起こるという実存の本質的現象を指す言葉である。その際、「人間認識への限界性の自覚」が契機となり、無限に高められた自己省察を通して、人間認識のあらゆる相対性と主観性を超えでる方向、つまり主観が客観に接近していく方向に進む。すなわち、実存的自己現実化とは実存から実存へ橋が架けられる「超越」（Transzendenz）という現象なのである。

　以上から、フランクルの自己実現批判をまとめると、まず「内在的可能性主義」は真に自己が「なすべきこと」という視点を欠いている。「万華鏡的認識論」は主観の客観への接近を阻んでいる。すなわち共同による実存的自己現実化を阻害している。これら2つの問題は、「モナド論的人間観」に繋

がり、それは世界喪失的に実存の意味や価値を失わせる結果となっている。フランクルは「自己実現とは結果の問題であり、志向の対象とはなり得ないと感じている。この事実によって抽出される根源的な人間学的真実は、自己超越が実存の一つの基本的な姿であるということである」（Frankl, V.E. 1967, pp.45-46）と述べている。すなわち、「自己実現から自己超越へ」と視点を転換していかなければならないのである。

（2）自己超越

　フランクルは「実存の本質的な自己超越性が、人間を自己を超えて成長する存在にするのである」（Frankl, V.E. 1969, p.8）と述べている。人間存在、すなわち実存の本質特徴として「自己超越性」を指摘している。実存は「世界内存在」である。その実存の価値実現や意味の充足を阻害するものが、先述のニヒリズム、悪しきヒューマニズムである。実存のもつある層だけを切り離して、それを絶対化する還元主義の陥穽（かんせい）によりニヒリズムが生まれ、さらに人間をそれ自体で完結した存在であるかのように見る人間中心主義、悪しきヒューマニズムが生まれる。その影響で、近現代人は超越者の存在を疑い、否定し、そして世界における要を失った。人間存在は、世界との関係、他者との関係を失い、そして、それ自体で完結的な閉鎖的自己世界に閉じこもることとなった。

　一方、フランクルは「人間であるということは、自分以外の何ものかに志向させられていることを意味する」（Frankl, V.E. 1969, p.50）とも主張している。「自分以外の何ものか」とはフランクルの次の言葉に明白に表現されている。それは「人間は、何かのため、誰かのため、すなわちある目的のため、あるいは、友のため、『神のため』に、まず自分を放擲（ほうてき）するというところまで到達して初めて逆説的に自己を発見するのである。人間がもし自己を超えた、つまりは自分の遥か上にある何ものかに、自己を捧げてしまわない限り、自己自身とその主体性に対する努力は失敗に終わるように運命づけられているのである」（Frankl, V.E. 1967, p.82）というものである。自己超越

第8章　V. E. フランクルにおける「生きがい論」の射程　*141*

は自己喪失を意味しない。自分を無くす、つまり一意専心、小我を棄てて他のために生きることが大我に至る道であり、自己超越は、その自己放擲の結果、その人にもたらせられると考えられるのである。

　しかし、自己超越へ志向して生きることは、そうたやすいことでもない。フランクルは「人間であるということは、充足すべき意味と実現するべき価値に対峙して存在することを意味する。それは、現実と現実化すべき理想の間につくりだされた両極的な緊張の場に生きることを意味している。人間は理想と価値によって生きるのである。自己超越性によって生きるのでなければ、実存は真実性の無いものである」（Frankl, V.E. 1969, pp.51-52）と厳しく指摘する。「充足すべき意味と実現するべき価値に対峙して存在すること」「現実と現実化すべき理想の間につくりだされた両極的な緊張の場に生きること」。これらは有限な存在である人間にとって大変困難なことであろう。その際、絶対者の存在が大きくクローズアップしてくる。

　フランクルが、その理論構築の基盤に据えるユダヤ・キリスト教思想によれば、人間は神によって造られた被造物であり限界をもってはいるが、その反面、神と真に邂逅し、神を「汝」と呼びかける時、神は「大いなる他者」として、自らが創造した被造物である人間の声に耳を傾け賜うと考える。人間を「神の似像」と呼ぶのは、単にその被造性、有限性だけを指すためではない。大いなるものによって「生かされている自分」の自覚が、さらに自らが主体的に「生きている自分」の覚醒に繋がるという逆説を籠めてのことである。このような絶対者との「出会い」は、有限性を背負った卑小な自己であっても、自分として自己の人生を生き抜こうという「存在への意志」「生きる勇気」（courage to be）に繋がると考えるのである。ここから言えることは「近代における神殺し・神の喪失から、現代における新たなる神の再生・復権へ」というのも現代人の課題であるということである。

　このような「大いなる世界」と実存との関係からは「人間は自分自身を超えていくものである。人間という存在は、自分の性格を再びつくりあげていきさえすれば、自分自身をも超えることができるのである」（Frankl, V.E.

1967, p.61）という見解が生まれる。人間は遺伝や環境に決定される存在ではない。人間は、他者（大いなる他者も含める）と共に、自分なりの価値の方向を定めながら、その時その時の人生で主体的な決断をし、生きる意味に向かって志向しながら、自らを生成していく存在である。その際、いかなる状況に置かれていても、ニヒリズムや悪しきヒューマニズムなどの時代の潮流に揉まれながらも、「自己自身になっていこうとする人」「自分なりに意味深く自分の人生を生ききろうとする人」にフランクルの「自己超越」という概念はエールを送っているのである。

Ⅳ．現代における生きがい論の課題

　ここまでの「フランクルの見解」の検討・考察を踏まえて、ニヒリズムや悪
しきヒューマニズムを超克する新たな「生きがい論」を構築する上で重要と考えられるいくつかの視点を次に提出する。その際、人間存在（実存）にとって（1）「気づく」とは、どんなことか——アウェアネスと「生きがい」の関係、（2）「わかりあう」とは、どんなことか——了解と「生きがい」の関係、（3）「共に歩む」とは、どんなことか——同行と「生きがい」の関係、（4）「かわる」とは、どんなことか——変革体験と「生きがい」の関係、という4つのトピックスを立てて考察していきたい。

（1）人間にとっての「気づき」——アウェアネスと「生きがい」

　「アウェアネス」とは「気づき」「覚醒」のことであるが、次の2つの意味を含む。第1には「自己覚醒」（self-awareness）である。それは、その人が自分という存在に目醒めて、どう生きるかを自覚する作用であり、自己の内側から自然に起こってくるものである。第2に、その延長線上に「スピリチュアリティの覚醒」（awareness of spirituality）、つまりは自他の隔てを置かず、一切のものに親しみ・慈しむ心の働きがある。したがって、スピリチュアリティの覚醒を目標として、自己覚醒していくプロセスを「アウェア

ネス」と呼んでいるわけである。フランクルの見解によれば、病理は「自我に固執した自己執着」に帰因する。この場合の自我とは、自分一個の狭い我欲にのみ固執している「小我」を指し、人間を超えたものとして絶対的「我」を表現する時に使われる「大我」と区別される。小我を棄てて、大我に生きること（自己放擲による自己超越）で病理が克服されるばかりではなく、自分の人生を自分なりに精一杯生きようとする「生きる勇気」が再びその人に宿ると考える。

（2）人間にとっての「わかりあうこと」——了解と「生きがい」

「了解」（comprehension）とは、自己と他者の双方がそれぞれ「主体」（subject）として互いに「主観」（subject）を開示し合い、それを一つの世界として共有し分かち合う（sharing）プロセスを言う。この他者の中には、他の人間存在（実存）のみならず、人間を超えるもの、絶対存在、超越存在、自然、宇宙などを含み、それらとの「我—汝関係」の構築に実存の人格的成長がある。その際、フランクルによって、人間存在の意味への志向能力すなわち実存の「意味への意志」の限界を超える「超意味」（Übersinn）が想定され、この超意味は人間の卑小なる世界（小我）を超えた「超世界」における全ての人格を超えた「超人格」（大我）、すなわち絶対存在、超越存在、すなわち「神」に属するものと主張されている。超意味とは、神への「祈り」による神との邂逅と「交わり」（Communion）により、人間に人生における苦しみを自覚させ、それを超え出る力を与えるものである。

しかし、超意味自体を追い求めても超意味には到達できないという逆説も含んでいる。絶対者（あるいは自然や宇宙）への祈りを続ける一方で、自分なりに人生の意味や価値を模索しながら他の人間と共に地に足をつけて生きていくことが、有限性を抱えた人間存在に与えられた課題である。そのことを継続していくことが、神の絶対客観へ人間存在の主観が限りなく接近していくプロセスに繋がり、その現象を結果的に見れば、神と人間が了解のプロセスを歩んでいることになるだろう。

(3) 人間にとっての「共に歩むこと」——同行と「生きがい」

「同行」（going together for life's journey）とは、人間と人間とが互いに主観を開示し合い、真理（絶対善）に向かって人生修行を積み重ねることを指す。絶対善に向かってとは、絶対者の大いなる世界（精神的次元）に向かってという意味である。それへのアプローチは、「自己超越の叡智（wisdom）」により可能になる。この場合の自己超越とは、自己が他者や事物や宇宙など、あらゆる森羅万象と一体化していることへの気づきである。つまり、自己の心身の状態や自然界の出来事をあるがままに受容している状態である。善と悪、真と偽、聖と俗、悟と迷などの二分法を超えて、それにとらわれない境地である。その「智慧」にアプローチする際の心的作用を「叡智」と呼ぶのである。

一方、人間と人間との関係に視点を限定すると、同行は、同一地平線上で相互に主体として出会うことから始まる。その際、年齢・性別・人種・障害の有無・健康か病気かなどにかかわらず、それぞれに苦悩を背負いつつも、ありのままの自分として等身大の人間同士が「出会う」のである。この場合の「出会い」とは、互いにかけがえのない「汝」であり「我」であること、すなわち主体同士であることを前提として、互いに相手の心と身体の不可分なる現象を了解していくこと、すなわちフランクルによる心理的次元と身体的次元が融合した世界にアプローチしていくことを指し、さらにそれが高次の精神的次元（大いなる他者の世界）への超越へと繋がっていく。

(4) 人間にとっての「かわること」——変革体験と「生きがい」

人間は、他者（人間、人間を超えたもの、絶対存在、超越存在、自然、宇宙）とのかかわりによって、癒され、救われ、教えられ、自己創造に志向する存在であるが、その契機となる体験を「変革体験」（spiritual conversion）と呼ぶ。spiritual conversionとは一般には宗教的「回心」を指す言葉だが、この場合の変革体験とは、その人の内的世界の構造転換を現し、「自己覚醒」の契機となる体験のことである。それが「スピリチュアリティの覚醒」に繋

第8章　V. E. フランクルにおける「生きがい論」の射程　*145*

がる場合もある。それは時間論的観点から言えば、「今・ここで・この私」という生存の原点（意味の世界）を基点としながら、過去や将来も含めた永遠（超意味の世界）へと巡る旅として表現できる。

　しかしながら、それらを巡りながらも最終的には「今・ここで・この私」に回帰して来ることが重要である。別の表現をすれば、意味の世界と超意味の世界との往復運動によって、自己の覚醒や超越が進むと考えられるのである。一般に変革体験は限界状況と呼ばれるような「どん底体験」から生じると言われている。その体験は無論苦しみに満ちたものであろうが、その苦しみを苦しみとして受け容れ、さらにそこに自らの人生の意味を見いだしていこうとする「苦悩する力」（Leidensfähigkeit）をもった人間、すなわちフランクルの言う「苦悩する人間」（homo patiens）にするために、我々の人生は「そのような問い」を我々に発する時があるのかもしれない（Frankl, V.E. 1981, pp.80-82）。その「問い」に真摯に向きあい、自分自身になろうと七転八倒する人間にとって、他人が見れば、その人は疾風怒濤のうねりに翻弄されている「葦」のようでありながらも、本人にとってはまさに「今・ここで・この私」へと回帰する自己の姿に静かな生きがいを感じる「永遠の時」を思い浮かべながらの「意味への意志」との格闘なのかもしれない（山田 1999）。

V. おわりに──まとめにかえて

　フランクルによれば、近代における「神の死」により、人間存在は絶対者の軛から解放されたと同時に拠って立つ世界の根本を失った。自身で自身の存在と世界とを背負うことの重みに喘いだ人間は容易にニヒリズムに陥った。人間はニヒリズムによる存在の意味の否定により、自身を卑小化していった。一方、ニヒリズムに対抗すべく登場したヒューマニズム（悪しきヒューマニズム）も、人間の偶像化すなわち人間中心主義と、神の人間化すなわち超越存在の擬人化主義によって、人間存在を非現実的方向へ肥大化さ

せていった。

　一方、ニヒリズムと悪しきヒューマニズムの風土には、フランクルによって批判される悪しき自己実現が繁茂した。その批判となった悪しき自己実現とは、他者との関係、世界との関係を捨象した独立した個人内における閉ざされた自己の実現が目指されているものであった。この悪しき自己実現においては、人間は自分の人生の中で「なすべきこと」を見失い、人間が本来もつ「意味への意志」が阻害されてしまう。ここから現代人は「自己実現から自己超越へ」と人生への根本姿勢を転換させていく必要に迫られていると言える。

　自己超越とは、自己放擲を通じて、小我を棄てて大我に生きることに覚醒し、自分としての人生の意味を発見していくプロセスの基盤となるものである。その際、具体的人間同士のかかわりも重要であるが、人間を超えるもの、絶対存在、超越存在、自然、宇宙とのかかわりから、「生かされている自分」と「生きている自分」との逆転現象が起こり、大いなる世界の最高善に向かって覚醒していくことも重要なのである。

【文献】

Frankl, V.E. (1967) *Psychotherapy and Existentialism.* New York : Simon and Schuster.

Frankl, V.E. (1969)　*The will to meaning ; foundations and applications of logotherapy* ．New York, London, Scarborough : New American Library.

Frankl, V.E. (1975)　*Anthropologische Grundlagen der Psychotherapie* ．Wien : Verlag Hans Huber Bern.

Frankl, V.E. (1981)　*Das Leiden am sinnlosen Leben ; Psychotherapie　für heute.* (sechst Auflage) Freiburg, Basel, Wien : Herder.

Frankl, V.E. (1982) *Ärztliche Seelsorge.* (zehnt, ergänzte Auflage) Wien : Deuticke.

Leibniz, G.W. (1930) *La monadologie.* (3rd edition) Paris : Delagrave.

Nietzsche, F. (1900) *Die fröhliche Wissenschaft.* Leipzig : C.G. Naumann.

山田邦男（1999）「なぜ生きがいを問うのか」山田邦男『生きる意味への問い―― V.E. フランクルをめぐって』佼成出版社、15-68。

初出一覧

第1章　鶴田一郎（2003）「『臨床世界学』の構築に向けて」『人間性心理学研究』（日本人間性心理学会）21（2）、pp.278-282。

第2章　鶴田一郎（2003）「『サルになった男』間直之助——主体変様的方法の実践者」『人間性心理学研究』（日本人間性心理学会）21（1）、pp.27-36。

第3章　鶴田一郎（2005）「最も小さき者の下に立つ教育——内村鑑三の米国ペンシルバニア州立知的発達障害児訓練学校での体験を主軸に」『キリスト教教育論集』（日本キリスト教教育学会）13、pp.53-62。

第4章　鶴田一郎（2005）「『最も小さき者』と共に歩む教育——聖フランシスコの『平和の祈り』を出発点として」『ホリスティック教育研究』（日本ホリスティック教育協会）8、pp.45-55。

第5章　鶴田一郎（2006）「教育におけるコンパッションの意味——灰谷健次郎『だれも知らない』批判をめぐって」『ホリスティック教育研究』（日本ホリスティック教育協会）9、pp.31-39。

第6章　鶴田一郎（2010）「カウンセラーが如何に生きるか——卓越した心理臨床家・霜山徳爾の生き方を手がかりにして」『教育論叢』（広島国際大学 心理科学部　教職教室）1、pp.39-50。

第7章　鶴田一郎（1999）「神谷美恵子の『生きがい研究』、その契機と過程」『人間性心理学研究』（日本人間性心理学会）17（2）、pp.164-175。

第8章　鶴田一郎（2004）「V.E.フランクルにおける『生きがい論』の射程——自己実現から自己超越へ」『心の諸問題論叢』（心の諸問題考究会）2（1）、pp.25-40。

■著者略歴

鶴田　一郎（つるた　いちろう）

名古屋大学大学院 教育発達科学研究科 心理発達科学専攻 博士後期課程 修了、博士（心理学）
現在 広島国際大学 心理科学部 臨床心理学科 教員、臨床心理士

［主な著書］
共　著：『失敗から学ぶ心理臨床』（星和書店）
　　　　『心理療法を終えるとき』（北大路書房）
　　　　『カウンセリング心理学辞典』（誠信書房）＊分担執筆

単　著：『災害カウンセリング研究序説』（ふくろう出版）
　　　　『生きがいカウンセリング』（駿河台出版社）
　　　　『人間性心理学の視点から三谷隆正「幸福論」を読む』（大学教育出版）

人間性心理学研究序説
── 続・生きがいの心理学 ──

2016年4月20日　初版第1刷発行
2021年4月30日　初版第3刷発行

■著　　者── 鶴田一郎
■発 行 者── 佐藤　守
■発 行 所── 株式会社 大学教育出版
　　　　　　　〒700－0953　岡山市南区西市855－4
　　　　　　　電話(086)244－1268(代)　FAX(086)246－0294
■Ｄ Ｔ Ｐ── 難波田見子
■印刷製本── モリモト印刷(株)

© Ichiro Tsuruta 2016, Printed in Japan
検印省略　　落丁・乱丁本はお取り替えいたします。
本書のコピー・スキャン・デジタル化等の無断複製は著作権法上での例外を除き禁じられています。本書を代行業者等の第三者に依頼してスキャンやデジタル化することは、たとえ個人や家庭内での利用でも著作権法違反です。

ISBN978－4－86429－355－6